转型与创新：
浙江足迹

金雪军　张　军　主编

ZHUANXING
YU CHUANGXIN

ZHEJIANG
ZUJI

ZHEJIANG UNIVERSITY PRESS
浙江大学出版社

创新公共服务管理是推进治理体系和治理能力现代化的必然要求。《今日浙江》杂志社联合浙江大学、浙江省公共政策研究院开展公共管理创新案例评选活动很有意义。活动自举办以来，发现和推广了一批公共服务管理先进典型，有效推动了政府管理和社会治理。全面深化改革，既需要顶层设计，也需要基层探索实践。评选工作，要着眼全省工作大局和人民群众新期待，坚持问题导向，抓住重点关键，聚焦基层实践，突出实际效果，严格评选标准，规范评选程序，真正评选出各方认可、群众获得感强、可复制推广的公共服务管理优秀创新案例。要重视优秀案例的经验总结和宣传推广工作，发挥示范引领作用。各地各部门要贯彻落实省第十四次党代会精神，坚持创新强省、改革强省，向先进学习，坚定不移地推进"最多跑一次"改革，以此带动各项改革，为高水平谱写实现"两个一百年"奋斗目标的浙江篇章，再创体制机制优势。

车俊

2017年8月4日

浙江省公共服务管理创新案例评选活动得到了各地各部门的积极响应，赢得了良好的社会声誉，助推了全省的改革创新。本届评选活动，聚焦公共服务管理、基层治理等方面的实践创新，经过科学规范的程序，评选出一批公共服务管理创新的优秀案例，值得各地学习借鉴。政府自身改革和管理创新，在各项改革中具有示范效应。各级政府和有关部门要深入贯彻省第十四次党代会精神，坚持创新强省、改革强省，紧紧抓住"最多跑一次"改革这一"牛鼻子"，系统推进制度创新、机构改革、公共服务，加快提高政府治理能力。评选组织单位要进一步提高评选水平和质量，加强公共管理创新实践的科学研究，及时完善提升，确保创新案例的绩效性、可推广性和可持续性。

袁家军

2017年8月9日

序　言

自2010年3月举办首届浙江省公共管理创新案例评选活动以来,我们每两年开展一次,已经连续成功举办三届浙江省公共管理创新案例评选活动,在全省引起了较大反响。2016年6月以来,为进一步深入贯彻落实党的十八届三中全会精神,总结浙江各地在基层治理领域的创新实践,由浙江省委办公厅、浙江省社会管理综合治理委员会办公室指导,《今日浙江》杂志社和浙江省公共政策研究院、浙江大学公共政策研究院联合开展了"第四届浙江省公共管理创新案例评选活动"。

本届评选活动得到了全省各市、县(市、区)党委、政府及省直有关部门的热烈响应和大力支持,共收到案例申报278项,与上届相比,增加了28项。此次申报的案例,一是在数量上大幅增加,二是在内容上覆盖面更广,三是在体系上增加了省直机关部门,四是在质量上创新性、绩效性都有了明显提升。

为确保此次评选活动的公平、公正,主办方制定了详细的评审办法,确定了省内外专家名单,对各地申报的278个参评案例进行了认真评审,并开展了案例实施效果实地评估等工作,严格按照创新性、绩效性、推广性、重要性四方面评审标准,经过层层筛选,好中选优,认真实施了初选、实地调研复选和终选三个环节。在此次大会召开前,主办方负责人和有关专家召开了讨论会议,对终评结果进行了汇总分析,最终评出了33个获奖案例,其中有7个案例获得"特别贡献奖",10个案例获得"十佳创新奖",16个案例获得"优秀奖"。结合本届参评案例,我们认为以下三个问题值得关注:

第一,政府部门简政放权问题。公共管理,不能理解为政府把大事小情全都管起来,把所有东西包办起来。中央多次提出,"放管服"要三管齐下,但简政如何简、放管如何结合、服务如何优化，一直以来缺少具体执行标准。浙江省"最多跑一次"改革目标使"放管服"改革有了明确"标准"，让简政放权的路径和要求越来越明晰，为从政策、制度、环境多方面转变政府职能、优化政府服务提供了实现路径，以明确的量化目标倒逼政府部门简政放权改革全面落地。例如，德清县农村产权交易示范平台建设，通过有效赋权、充分活权、方便办权，初步实现农村产权资源高效有序流转，不仅为农村产权市场开了好头，也比城市早一步在产权交易上基本实现"最多跑一次"。

第二，公共资源合理配置问题。教育、医疗卫生服务乃至道路基础设施等诸多方面存在的公共资源配置不公问题需要大力予以破解。以医疗资源为例，浙江省医疗资源"双下沉、两提升"推动医学人才下基层，实现合作办医长效化，促进优质医疗资源合理配置，破解医疗资源"上大下小"与医疗需求"上小下大"的矛盾；宁波市"互联网+"医疗健康服务实现"足不出户看云医，不出社区（乡镇）看名医"目标，促进形成基层首诊、分级诊疗、双向转诊的就医新格局。这类创新实践有力提升了市县医疗卫生服务能力和群众就医满意度，提高了医疗服务体系整体效率。

第三，继承发扬优秀文化的问题。我们在加强和创新社会治理的同时，还应该注意到我国从传统社会向现代社会深刻变革的大背景，重视弘扬传统优秀文化。浙江以建设农村文化礼堂为载体，建立服务菜单，组织"文化走亲"，开展"文化惠民"，培养乡土能人，提高村民素质，促进农村和谐，使农村成为培育和践行社会主义核心价值观的有效阵地，弘扬优秀传统文化的重要平台。

"浙江省公共管理创新案例评选活动"紧紧围绕中央重大决策部署和省委中心工作，注重发现和总结各地在推进公共服务管理和社会治理方面的新探索、新实践，助力我省全面深化改革，为浙江各地乃至全国的公共管理创新实践提供借鉴和参考。

目　录 CONTENTS

● 优秀奖

第四届浙江省公共管理创新案例评选获奖名单

一、第四届浙江省公共管理创新案例特别贡献奖（7个）

1. 浙江省"最多跑一次"改革办公室："最多跑一次"改革
2. 浙江省特色小镇规划建设工作联席会议办公室：特色小镇的浙江创造
3. 浙江省深化医药卫生体制改革领导小组办公室：医疗资源"双下沉、两提升"
4. 浙江省河长制办公室：治水创举河长制
5. 浙江省委宣传部：农村文化礼堂建设
6. 浙江广播电视集团：《今日聚焦》创新建设性舆论监督
7. 浙江省综治办：平安建设"两网融合"

二、第四届浙江省公共管理创新案例十佳创新奖（10个）

1. 中共金华市委、金华市人民政府：农村垃圾分类治理
2. 遂昌县经济商务局：农村电子商务"赶街模式"
3. 杭州市综试办、杭州市委办公厅：跨境电商综试区改革
4. 温州市金融办：企业金融风险处置创新
5. 宁波市卫生计生委："互联网+"医疗健康服务
6. 中共平湖市委、平湖市人民政府："三位一体"农合联改革
7. 中共开化县委、开化县人民政府："多规合一"改革试点
8. 台州市委统战部：基层民主协商"1+X"平台
9. 德清县农办：农村产权交易示范平台建设

10. 舟山市卫生计生局：海岛医疗服务联盟

三、第四届浙江省公共管理创新案例优秀奖（16个）

1. 义乌市司法局："以外调外"的涉外纠纷调解做法

2. 温州市公安局交警支队：交警服务的"指尖平台"

3. 中共诸暨市委、枫桥镇党委：基层治理标准化"枫桥经验"

4. 嘉兴市社会保障事务局：公民个人信用评价系统建设

5. 中共柯城区委、柯城区人民政府：全流域统筹美化乡村

6. 杭州市民政局：居家养老服务标准化

7. 中共海曙区委、海曙区人民政府："开放空间"创新基层民主协商

8. 丽水市食品安全委员会办公室、丽水市市场监督管理局：食品安全网格化信息化监管

9. 绍兴市委政法委：农村治理的乡贤参事会

10. 温州市妇女联合会："三段式"反家暴服务

11. 绍兴市环境保护局：生态环境损害赔偿制度改革

12. 中共三门县委、三门县人民政府：农村治污设施运维管理社会化

13. 义乌市交通运输局：出租车行业市场化改革

14. 舟山市发展改革委：重大项目建设"中心制"

15. 杭州市总工会、杭州市人力社保局：企业社会责任评估促劳动和谐

16. 安吉县民政局：村级事务准入制

第四届浙江省公共管理创新案例

特别贡献奖

浙江加快推进"最多跑一次"改革综述

叶 慧

在改革开放的大潮中，资源禀赋先天不足的浙江，一次次开启从无到有的大胆探索，一次次扛起领风气之先的先锋担当，始终是全国经济增速最快和最具活力的省份之一。

党的十八大以来，习近平总书记提出了治国理政新理念新思想新战略，赋予浙江"干在实处永无止境，走在前列要谋新篇"的新使命，提出了"秉持浙江精神，干在实处、走在前列、勇立潮头"的新要求。

站在新的历史方位，全面落实习近平总书记赋予浙江的新使命、新要求，浙江牢固树立以人民为中心的发展思想，以深化政府自身改革为引擎，努力在新一轮发展中抢占制高点，赢得新优势。

2016年12月，时任浙江省委副书记、代省长车俊在省委经济工作会议上倡导提出，要以"最多跑一次"的理念和目标深化政府自身改革。他在2017年1月召开的浙江省"两会"上做政府工作报告时进一步提出：到2017年年底确保实现"最多跑一次"覆盖80%左右的行政事项，基本实现群众和企业到政府办事"最多跑一次是原则，跑多次是例外"的要求。

2017年4月27日，省委书记车俊在安吉调研时强调："当前特别要深入推进'最多跑一次'改革，在群众最渴望解决、最难办的事情上再加劲、再提速，努力把这项改革打造成浙江全面深化改革的一块金字招牌。"

"最多跑一次"的承诺，体现了浙江党委政府的责任担当，展示了浙江的自信与开放，表达了浙江"打造审批事项最少、办事效率最高、政务环境最优、群众获得感最强省份"的决心。省委书记车俊强调，这项改革是浙江推进行政审批制度改革、"四张清单一张网"改革的再深化再推进，是新阶段推动供给侧结构性改革、"放管服"改革、优化发展环境、推进党风廉政建设的重要抓手，也是浙江继续创造和保持市场经济活力的重要举措。

积极响应"最多跑一次"改革，全省各地发扬铁军精神，立即动起来、改起来，以政府的简政放权实现高效率、高品质、高标准的政府服务，换来群众的好口碑、企业的好体验、发展的好环境。

浙江有条件有能力
实现"最多跑一次"

党的十八大以来，党中央和国务院加快推进政府的"放管服"改革。浙江省委、省政府认真贯彻落实中央全面深化改革的决策部署，以政府自身改革撬动重点领域、重点环节改革。

近几年来，浙江按照"放管服"改革的要求，充分运用"互联网+政务服务"，大力开展行政审批制度改革和"四张清单一张网"建设，累计取消和下放了1300多项行政审批事项，厘清了政府和市场、社会的边界，做到"法无授权不可为""法定职责必须为"，各级政府办事效率明显提升，发展环境明显改善，市场主体活力明显增强。

在总结"四张清单一张网"阶段性成果的基础上，省委、省政府进一步提出，要紧紧围绕让老百姓和企业有更多获得感，用老百姓"去政府办事方便不方便"的语言，表达政府自身改革的深化。

2017年2月10日，时任省长车俊主持召开推进"最多跑一次"改革专题会议，并亲自担任推进"最多跑一次"深化"四张清单一张网"改革协调小组组长。

2017年2月16日，省政府办公厅印发通知，启动"最多跑一次"事项梳理工作。全省分两批完成"最多跑一次"事项梳理公布工作，59个省级单位梳理958项，设区市本级平均梳理1002项，县（市、区）平均梳理862项。

2017年2月20日省政府出台《加快推进"最多跑一次"改革实施方案》，明确改革思路，确定时间表、路线图和任务书。四天后，省政府召开第九次全会，部署加强政府自身建设和加快推进"最多跑一次"改革工作。

2017年全国两会期间，在浙江代表团开放日上，针对媒体记者"'最多跑一次'真的能做到吗？"的提问，车俊有力回应：浙江推进"最多跑一次"改革，有前期行政审批制度改革打下的基础，有政务网和大数据的技术支撑，有严格的制度保障。通过流程再造，"浙江有条件实现、有能力实现，而且一定要实现！"全场响起热烈掌声。"最多跑一次"改革在全国范围引起了高度关注。

从群众最渴望解决、最难办的事情上改起，浙江全面启动"最多跑一次"改革。"最多跑一次"旨在实现群众和企业到政府办事时，在申请材料齐全、符合法定要求时，能够少跑、跑一次甚至不跑，实现一次性办成事。"最多跑一次"表面上看只是减少群众和企业办事的次数，实质上是倒逼各级各部门减权、放权、治权，从服务、政策、制度、环境多方面优化政府供给，集中力量把该管的事管好、该服务的服务到位，是"放管服"改革的浙江"升级版"，是供给侧结构性改革的有效制度供给。

目前，"最多跑一次"改革在全省纵深推进，势如破竹。

打造政府
服务群众的友好界面

"最多跑一次"首先围绕行政服务中心这个群众和企业找政府办事的主要场所来展开。让群众到政府办事，只要入行政服务中心"一个门"、到综合窗口"一个窗"就能办成。

"一窗受理"，是指行政服务中心分领域设置若干综合窗口。群众来办事，无需到多部门或多窗口分头跑，只需将材料提交给综合窗口，由行政服务中心进行全流程协调，按责转办。"集成服务"是指各部门协同作战，开展并联审批、模拟审批、容缺预审、全程代办等，为群众和企业提供高效集成的政务服务。

"一窗受理，集成服务"改革，实现了受理与审批分离、审批与监督评价分离，改变了当前部门自我受理、自我审批、自我评价的工作格局，全面提升了政府行政效能。

作为试点单位，衢州市行政服务中心从2016年9月20日开始实施此项改革。他们归并整合了30个部门窗口，设置"投资项目审批、企业注册登记、不动产交易登记、公安服务、公积金业务和其他综合事务"共6个综合受理窗口。

办事群众将材料递进综合窗口后，行政服务中心全流程协调，分类、转交、办理由信息跑路，通过部门协办联合办，并借助快递等服务，真正实现让群众"最多跑一次"。据统计，在"一个窗口受理"的事项，审批时间平均缩短20%以上，群众满意率达99%以上。

2016年4月12日，省政府在衢州召开"最多跑一次"改革座谈会，全面推广"一窗受理，集成服务"改革。

为让基层群众少跑路，浙江还推进"一窗受理，集成服务"改革向乡镇、村延伸。依托浙江政务服务网、乡镇（街道）便民服务中心、村（社区）代办点，群众不出乡镇（街道）甚至村（社区），就近可办理"生育登记""食品经营许可"以及医保社保资金发放等热门事项。

截至2017年6月，全省1300余个乡镇街道、140余个功能区都建成了政务服务网乡镇（街道）站，并有22.08%的事项实现了"网上办理"。

以往，各部门都有各自的投诉举报电话，号码很多老百姓记不住，部门间还会相互踢皮球。

浙江统一政务咨询投诉举报平台，将各类非紧急的投诉举报热线统一整合到"12345"热线电话。2016年年底，全省11个设区市统一政务咨询投诉举报平台建设完成，群众投诉举报更加畅通，对业务办理的满意率也大大提高。与整合之前相比，全省11个设区市"12345"电话人工接听量从月均29.7万个增加到64.9万个，增长了1倍多。

再造优化
政府内部管理流程

　　"最多跑一次"改革，既包括政府服务群众前台界面改造，也包括后台政府内部流程优化、信息共享、力量整合等改革内容。

　　"一窗"的背后是"一网"。浙江基于政务服务网推进流程再造，积极扩大电子化应用，加快实现业务部门信息系统、数据资源的整合互通。

　　2017年2月，浙江出台《浙江省公共数据和电子政务管理办法》，对公共数据和电子政务管理与应用、安全与保障等作出规范，用规章形式破解公共数据共享难的问题。

　　为推动数据共享应用，省政府办公厅在2017年3月下发了第一批《省级公共数据共享清单》，向各级政府机关、行政服务中心先行开放29个省级部门、2600个公共数据项的共享权限。其中涵盖全省人口、法人基础信息和社保、民政等相关数据，以及部分专业资格证书、资质证照、信用信息等"干货"。

规范电子文件的管理工作，推广电子签章，是打通"最多跑一次"后台的重要一环。

2017年2月，省政府办公厅印发《浙江政务服务网电子文件管理暂行办法》，规范浙江政务服务网的电子文件管理工作，同时明确行政机关通过浙江政务服务网办结归档的加盖可靠电子印章的电子文件与纸质文书具有同等法律效力。

与此同时，浙江依托政务服务网开发"综合受理"专用平台、电子证照库平台、信息共享平台、电子监察平台等，为"最多跑一次"改革提供全方位的技术支撑。

一系列打破部门数据壁垒、让数据"多跑路"的举措，换来了群众和企业少跑腿甚至不跑腿。

新昌县应女士申领会计资格证，通过浙江政务网上传了相关资料后，两三分钟后就收到申请提交成功的短信，通知她去县行政服务中心领证，或者选择用快递签收。这样的办事效率，让应女士真切感受到政府办事效能的提升。

2017年3月，浙江地税部门让"支付宝"与"金税三期"系统互联互通，借助支付宝的刷脸认证技术，实现纳税人报税"足不出户，随手即得"。纳税人登录"支付宝"APP，只需对手机眨眨眼，5秒钟内即可通过实名认证。随后填报相关数据，仅花三四分钟就能完成12万元个人所得税的申报。

浙江省地税局征管处工作人员说，从3月1日到6月5日，全省通过支付宝完成或者查询12万申报的访问总量已达到266万次。

以需求为导向，浙江从群众和企业角度界定"一件事"，突出重点系统、重点事项，优化办事流程，制定办事指南，提高办事效率。

投资项目审批是企业关注的改革热点。浙江优化投资项目在线审批监管平台，推广企业投资项目高效审批制度，建立"一家牵头、统一受理、同步办结、集中实施、限时办结"工作机制，实现"多图联审、多评合一、联合验收"。并推行全程代办制，作为实现"最多跑一次"的兜底保障机制。

在商事制度改革方面，浙江分领域分行业推进"多证合一""证照联办"，解决"办照容易办证难"等问题。

比如对外贸企业，行政服务中心实行"一窗受理，全程代办"，在原"五证合一"的基础上，再将海关、商务、公安、出入境、人民银行、贸促会六个单位的证（表）合到一本营业执照上，实现"十一证合一"。办理这项事务，审批材料从56份减少到23份，全流程审批时间从30多个工作日缩短到6个工作日，跑腿次数从14次减少到1次。

以群众获得感
倒逼各项改革

"最多跑一次"的改革事项是否贴近群众，还有哪些环节可以改进提升？2017年3月8日，省国土资源厅厅长陈铁雄以普通群众的身份到杭州市民中心，体验不动产登记办理究竟"顺不顺"。

"办一本不动产证，有15个环节，群众还要多次取号排队。"换位体验后，陈铁雄提出了许多意见和建议，要求国土资源部门主动加强与住建、地税部门的沟通对接，积极整改。

如今，15个办事环节被整合为3个环节，房屋交易、税收、不动产登记实行联合窗口并联办理，实现"一次取号、一窗受理"。办事群众提交资料后，3个部门同时对资料进行把关，符合受理条件的统一出具受理单，实现房屋交易、税收和不动产登记全流程"60分钟领证"。

换位，是为了给群众提供更优质的服务。浙江各地纷纷通过"换位体验"和明察暗访，查漏补缺，让改革落到实处。

2017年4月25日上午，杭州市长徐立毅以暗访的身份，主动陪同在杭务工者高先生到市民之家公积金窗口，办理公积金提取业务。这项业务看似简单，高先生却被告知需要开具无房证明，而开证明的房产档案馆却位于开元路。群众办事要"多跑两次"。

在现场，徐立毅责令相关部门立即改起来，深化流程再造，实现数据共享，争取数据多跑路，切实提升政府办事效率。

"最多跑一次"，是集结号，是冲锋令。全省各地定目标，快行动。

2017年2月10日，台州在全省各设区市中率先公布第一批2491项"最多跑一次"清单，涵盖发改、经信、民政、公安等30余个部门。随后，绍兴、湖州、丽水、嘉兴、衢州、舟山、金华、宁波、杭州、温州等市都先后公布了首批"最多跑一次"事项清单。这些清单分别在当地媒体和浙江政务服务网上公布，接受群众监督。

"最多跑一次"，"跑"出政府办事效率的加速度，收获了群众满满获得感。

绍兴市柯桥区提出全程代办制，企业不跑，让代办员跑。审批代办员小宋仅用20多天就帮当地一家新投资的电梯企业拿到施工许可证。他说，随着审批制度改革的深入推进，区里的审批代办流程还在不断压缩。

台州市优化审批流程，群众不跑，让流程跑。新建商品房的买入、抵押登记全流程原本要13天，群众跑四五次是常态。如今，变串联审批为并联审批，办理时间压缩至5天，群众只需跑一次。

杭州市富阳区行政服务中心承担起第三方全程监管职能：办得慢，催着办；办不好，责任部门考评扣分。群众对行政服务中心满意度达99.98%。

撸起袖子加油干！"最多跑一次"再加劲、再提速。

2017年6月，省政府办公厅将牵头开展"最多跑一次"改革的专项督查，查找短板，督查清单落实情况，进一步倒逼政府自身改革。同时，还将对全省政务发展环境进行第三方评估，发布各地政务发展环境指数来评价、倒逼各项改革。

我们有理由相信，"最多跑一次"覆盖80%左右的行政事项的改革目标一定能实现。"最多跑一次"必将用扎扎实实的改革成效带来百姓、企业、政府的共赢局面，成为浙江全面深化改革的又一金字招牌，再创浙江发展体制机制新优势。

案例评析

　　"最多跑一次"改革，坚持以人民为中心，聚焦群众和企业办事"一直在路上"的难题，设定群众和企业到政府办事"跑一次"或"零上门"办结的目标，倒逼政府部门全面深化转变职能、简政放权、优化流程、精简环节、简化材料、提高效率的自我革新之路，是"放管服"改革的延伸和创新。改革的基本框架分为前台、后台两大部分，前台后台的协同联动强化改革基础支撑。在前台，重点是按照"一窗受理、一网通办、一号响应"的要求，打造政府服务人民群众的三大界面：行政服务中心、浙江政务服务网和政务咨询投诉举报平台。在后台，重点是围绕"放管服"要求，抓好深化"四张清单"建设、打好优化营商环境和便民服务的系统改革组合拳、深化基层治理"四个平台"建设、落实"部门联合、随机抽查、按标监管"的"一次到位"机制，以更好的"管"促进更大的"放"和更优的"服"。

以小赢大 谱写特色小镇大未来
——浙江推进特色小镇规划建设工作综述

袁 卫

"镇"小能量大，创新故事多；"镇"小梦想大，引领新常态。

从省会杭州的基金小镇、梦想小镇，到东海之滨的金融小镇、渔港小镇，从浙北平原的光伏小镇、丝绸小镇，到浙西山区的红木小镇、江南药镇……一个个创新能力强、体制机制活、生态环境美、发展势头好的特色小镇，深刻改变着浙江的经济社会发展格局。

党的十八大以来，省委、省政府坚持以"八八战略"为总纲，在深刻把握浙江发展阶段性特征和浙江省情的基础上，把特色小镇作为学习贯彻习近平总书记系列重要讲话精神和治国理政新理念新思想新战略的重大战略，作为践行新发展理念、深化供给侧结构性改革的示范地，助推转型升级、加快"两个高水平"建设的生力军，承接全球新一轮科技和产业革命的先行者。坚持产业立镇、科技强镇、旅游兴镇、文化传镇，高标准高要求规划建设特色小镇，特色小镇成为浙江着力打造改革强省、创新强省、开放强省和人才强省的重要阵地。

小"镇"承载大战略

2015年浙江省政府工作报告提出，要加快规划建设一批特色小镇。随后，2015年6月，包括杭州梦想小镇在内的首批37个省级特色小镇创建名单公布。2016年1月，省级特色小镇第二批创建名单出炉，包括杭州下城跨贸小镇、宁波鄞州四明金融小镇在内的42个特色小镇入围。

省委书记车俊到浙江工作以来，十分关注"小镇"成长，多次到特色小镇考察调研，提出"坚持科技创新、制度创新'两个轮子一起转'，加快建设特色小镇"工作部署要求。在第十四次省党代会报告中，车俊同志更是明确提出要"高标准建设特色小镇"，并亲力亲为推动特色小镇的规划建设工作。

省委副书记、省长袁家军指出，要在特色小镇的特色亮度、产业高度、创新力度上下功夫，真正把特色小镇打造成为产城融合的创新创业高端平台。

在推进建设特色小镇中，浙江探索建立了一套特色小镇规划建设的推进机制。建立省领导联系特色小镇制度，定期听取情况汇报、为特色小镇问诊把脉，快速协调解决重大问题；建立特色小镇规划建设工作联席会议制度，形成了联席会议办公室抓总、省级专业部门牵头、省级相关部门配合、第三方专业机构参与的特色小镇遴选机制；各部门则根据每个特色小镇的功能定位、产业特点和发展需求，实行分类指导，提供个性化、专业化的服务；明确各县（市、区）为责任主体，建立实施推进工作机制，确保规范有序推进。

承载梦想，肩负使命。浙江各地坚决贯彻省委、省政府决策部署，因地制宜、扎实稳步推进特色小镇建设。据了解，除了三批108个省级特色小镇创建对象（其中两个已经命名）和两批64个省级特色小镇培育对象，全省每一个设区市都在积极培育总数在100个左右的特色小镇。杭州和宁波均提出，要通过三年时间，努力培育省、市和县（市、区）三级特色小镇100个；温州提出每个县(市、区)要创建1个以上省级特色小镇，每个工业大县(市、区)要谋划1个制造类特色小镇；台州计划3年建成60个市级特色小镇，累计投资规模1800亿元以上……

2017年，随着首批特色小镇的命名和第三批创建对象的确定，浙江产生了三批106个省级创建小镇、两批64个省级培育小镇和首批2个命名小镇名单，百个特色小镇"百花齐放"的生动局面大致呈现，并形成了"培育一批、创建一批、验收命名一批"的有序发展格局。

小"镇"创造大建制

如何让特色小镇这项事关全省转型升级大局的改革举措落地生根，势成燎原？省发改委主任李学忠说，在浙江，通过独特的制度设计和政策供给，形成了特色小镇队伍大家选、政策大家给、难题大家解、质量大家抓的浓郁氛围。

在制度供给上，浙江明确将特色小镇定位为"综合改革试验区"，提出，凡是国家的改革试点，特色小镇优先上报；凡是国家和省里先行先试的改革试点，特色小镇优先实施；凡是符合法律要求的改革，允许特色小镇先行突破。目前，"区域能评、环评+区块能耗、环境标准"取代项目能评、环评，开展50天高效审批试点等一大批改革试点已在特色小镇全面铺开。

在政策支持上，浙江先后下发了《关于加快特色小镇规划建设的指导意见》《关于高质量推进特色小镇建设的通知》等文件，在用地指标奖励、财政收入返还等方面给予大力支持。

各联席会议成员单位在根据每个特色小镇功能定位进行分类指导的同时，整合专项资金，出台扶持政策。如省经信委全力抓好信息经济、时尚产业、高端装备制造和部分历史经典产业特色小镇的创建指导，在支持特色小镇实施智能制造工程、"互联网+"行动计划和"四换三名"工程等方面出台了一批高含金量的政策举措；省科技厅研究出台了《关于发挥科技创新作用推进浙江特色小镇建设的意见》，重点聚焦集聚创新人才、转化科技成果、打造创业平台、营造创业生态等方面；省国土资源厅强化要素保障，在全面贯彻落实省委、省政府决策部署的同时，给省级示范特色小镇额外奖励每个小镇用地指标100亩，并对先行启动用地指标确有不足的部分市、县，通过提前预支奖励指标的方式给予支持。

与此同时，全省11个设区市以及各县（市、区）也根据自身特点，为特色小镇"量身定制"了一系列扶持政策，既放大了省级政策效应，又突出了扶持政策的精准性，促进了各种政策红利在特色小镇的集中释放。

在运作机制上，浙江坚持政府引导、企业主体、市场化运作。坚决摒弃"先拿牌子、政府投资、招商引资"的传统做法，敞开大门欢迎各类建设主体参与特色小镇建设。在这一理念引导下，国企、民企、外企、高校、行业领军人物纷至沓来，特色小镇的建设主体群英荟萃；产业基金、股权众筹、PPP等融资路径屡见不鲜，特色小镇成了各类社会资本争相进入的投资"洼地"。据统计，2017年上半年，78个创建小镇民间投资297.6亿元，同比增长9.1%，民间投资占投资总额的比重为58.2%。金华、衢州和绍兴市创建小镇的民间投资占比分别达到77.8%、77.4%和74.3%。

在竞争机制上，浙江设计了"比学赶超"现场会、年度考核、约谈落后等抓手，并搭建了数字擂台，定期统计、分析、公布主要发展数据，将"实绩"作为对特色小镇建设的唯一考核标准。2016年6月15日和2017年8月4日，省特色小镇规划建设工作联席会议办公室还专门约谈了两批15个有效投资不足、产出低效、创新乏力的特色小镇负责人。2016年6月，磐安江南药镇在2015年度考核中被列为警告小镇，小镇负责人成为约谈对象之一。"通过约谈，我们提高了认识，找准了短板。"江南药镇建设指挥部办公室主任施雄飞表示，约谈后，江南药镇迎头赶上，对特色产业占比不够、高端要素集聚不够、文化形象建设不够这三个失分项进行了针对性补强，从而在2016年度考核中被评为优秀，完成了从"落后生"到"优等生"的华丽逆袭。

作为"创建制"推进特色小镇建设的内在要求，科学严格的考核制度有力加大了优胜劣汰力度，为浙江高质量建设特色小镇提供了重要支撑。在2016年10月和2017年7月住建部公布的两批全国特色小镇名单上，浙江共有23个小镇榜上有名，位居全国第一。

小"镇"催生大格局

随着特色小镇规划建设工作的持续推进，越来越多小而美、专而强的浙江特色小镇出现在浙江大地上，为基层探索实践五大发展理念提供了一个个鲜活的浙江样本。

运河穿绕南北，小镇枕河而居，在千年运河文化与商贾文明的独特韵味中，金融产业、文创产业、现代服务业、总部经济竞相入驻，历史和现实交相辉映……在著名的京杭大运河拱墅段，一个运河财富小镇正在迅速崛起。据了解，2017年上半年，小镇完成固定资产投资16.4亿元，其中创新性金融类特色产业投资额达15.8亿元。

和运河财富小镇一样，浙江特色小镇正成为有效投资新增长点。据统计，截至2017年7月底，全省78个前两批省级特色小镇创建对象固定资产投资（不包括住宅和商业综合体项目）累计完成2117亿元，其中近70%投向了信息经济、环保、健康、旅游、时尚、金融、高端装备制造、文化等八大万亿产业和茶叶、丝绸、黄酒、中药、木雕、青瓷、宝剑等历史经典产业，让小镇的产业特色更为鲜明。

2015年，斯坦福大学海归博士王孟秋凭借"计算机视觉与智能控制融合技术"摘得"2015杭州市海外高层次人才创新创业大赛"的桂冠，并获1500万美元风投资助。回国创业的他将公司总部设在了梦想小镇。如今，他的"小黑侠"跟拍无人机，已成为当下热卖的新品，飞进了央视直播间，王孟秋本人也成为国内无人机市场上的领跑者之一。

和王孟秋一样，浙江特色小镇已成为高端人才的首选集聚地。据统计，截至2017年10月，78个创建小镇已累计入驻创业团队5473个，国家级高新技术企业291家；集聚了"新四军"创业人才12585人、吸引国千、省千人才239人、国家和省级大师205人。

随着资本、人才等高端要素的迅速集聚，浙江特色小镇也成了科技创新大平台。目前，78个创建小镇已与235个高校、省级以上研究单位开展了技术合作。仅2017年上半年，就完成科技投入32.1亿元，已占2016年全年科技投入的80.3%，规模以上工业新产品产值已达1913亿元，授权发明2321件，分别是2016年的2.86倍和1.52倍。

在最能体现综合效益的税收方面，特色小镇交出了靓丽的成绩单。2016年，78个创建小镇入库税费160.7亿元，同比增长13.5%。2017年上半年，税费收入达130.6亿元，已占2016年的81.3%，特色小镇成为综合效益助推器。

在城乡建设方面，特色小镇更是表现不俗。浙江明确，特色小镇原则上布局在城乡接合部，每个特色小镇要根据当地的地形地貌和生态环境，确定好小镇风格，展现"小而美"，要求"颜值高"，避免"百镇一面"。

在这一要求下，浙江的特色小镇形态各异，不拘一格：有历史古镇，也有现代产业园区；有灵秀水乡，也有奇峻山区；有的在古旧粮仓基础上改建，有的在大运河旁整饬翻修；有的厂房规整，有的稻田金黄；有的山水相连，有的人文荟萃；有的花团锦簇，有的绿树成林……通过高标准推进特色小镇规划建设，一些原本是城乡接合部的"破补丁"，摇身一变成了创新创业的新空间、人才集聚的新家园、美丽风景的新亮点、统筹城乡的新节点，浙江特色小镇已经成为城乡建设的新名片。

首批命名的2个省级特色小镇示范引领，106个省级创建对象齐头并进，64个省级培育对象你追我赶，成百上千个市、县级特色小镇蓄势待发。这些星罗棋布在浙江大地上的特色小镇，既是产业转型升级的发动机，又是开放共享的孵化器，带动了一方产业转型升级；既能展现江南水清地绿的秀美风光，又告别了传统工业区"文化沙漠"现象，彰显了浙江独特的人文气质；既集聚了人才、资本、技术等高端要素，又能让这些要素充分协调，产生良好的化学反应，释放创新动能……引领、推动着浙江经济社会向着"两个高水平"的目标稳健前行。

小"镇"谱写大未来

2017年8月2日，全省特色小镇规划建设工作现场推进会在嘉善举行，同时公布了首批"省级特色小镇"名单，玉皇山南基金小镇和余杭梦想小镇入选。

从2015年起，浙江已经先后公布了三批省级特色小镇创建名单，涉及特色小镇114个。两年后，有2个获得命名，却先后有6个因考核不合格而被降格。

"落后者出、优胜者进，这充分体现了浙江特色小镇'宽进严定'的创建原则。"省发改委副主任翁建荣说，特色小镇的验收命名，不搞区域平衡、不搞产业平衡，而是坚持示范引领、分类评价、改革创新和规范公正原则，"成熟一个命名一个"。

信息经济、旅游、金融、历史经典产业特色小镇完成总投资30亿元以上，环保、健康、时尚、高端装备制造产业特色小镇完成总投资50亿元以上；特色产业的投资占比达70%及以上；旅游产业特色小镇通过4A级景区评定，其他产业特色小镇通过3A级景区评定或4A级景区景观资源评估……翻开《浙江省特色小镇验收命名办法（试行）》，处处体现着"高标准、严要求"的创建思路。

"我们的目标是，通过科学合理的验收指标体系及标准设计，逐步形成特色小镇建设的浙江标准，以更高质量、更高标准推进特色小镇规划建设，为全国面上工作贡献更多浙江力量。"翁建荣说。

按照浙江省第十四次党代会提出的"高标准建设特色小镇"要求，浙江明确提出，要进一步把准特色小镇所处的历史方位，进一步统一思想、深化认识，着力健全协同工作机制、优胜劣汰机制、考核评价机制，"把浙江的这张金名片擦得亮而又亮"。

更加突出产业特色，坚持高端引领，坚持产业链思维，坚持新兴产业培育发展与传统产业改造提升相统一、产业发展与生态发展相包容，加快形成方向明确、精准聚焦、错位发展的特色产业集群；

更加突出科技创新，加快培育高新技术特色小镇、腾笼换鸟示范小镇、高产出特色小镇，发挥特色小镇对新经济、新产业、新业态、新模式的催化引领作用，加快打造科技创新平台和高端要素集聚平台；

更加突出重大项目，紧扣"一带一路""中国制造2025"、自贸区、大湾区、大花园、大通道等战略举措，围绕特色小镇"特而强"，加强项目储备，加快项目进度，力争谋划一个项目、形成一个产业链、带动一方发展；

更加突出功能融合，高标准编制产业、文化、旅游、社区"四位一体"，生产、生活、生态"三生融合"的建设规划，注重镇城相融和文化引领，使特色小镇真正成为践行新发展理念的重要载体；

更加突出深化改革，在打破"信息孤岛"、推进企业投资项目开工前审批事项办理"最多跑一次"上，当好改革排头兵……

以小赢大，浙江正努力谱写特色小镇大未来。

案例评析

　　为推进供给侧结构性改革和新型城市化，浙江把特色小镇建设作为经济新常态下加快区域创新发展的重要抓手、集聚高端要素和产业转型升级的功能平台、统筹城乡发展的有效路径，打造"产、城、人、文"一体的新型空间。特色小镇建设，聚焦信息、环保等八大万亿产业和历史经典产业，瞄准建成3A级以上景区，强化社区功能，实行"创建制""期权激励制"和"追惩制"，以全新的建设路径引导浙江经济高质发展。目前，全省11个地市共有78个小镇被列入省级特色小镇创建培育对象名单，呈良好发展态势，成为集聚高端要素、产业创新发展、城乡统筹发展的试验田。特色小镇的创建获得中央领导的高度肯定、中央部委的大力支持和社会各界的普遍好评。

医改 从"双下沉、两提升"突破

马跃明

"以前看病难、看病贵，往往是小病扛、大病拖，现在看病更便捷、负担更轻了。"近年来，在浙江各地经常可以听到老百姓的称赞。

近年来，浙江以"双下沉、两提升"为主线，深化医疗、医药、医保"三医"联动改革，率先实现城市优质医疗资源下沉县（市、区）全覆盖，率先全面启动公立医院综合改革，率先实现城乡居民基本医保整合，加快形成健康浙江建设的体制新优势，给百姓看病就医带来诸多实惠。

今年上半年，浙江被列为第二批综合医改试点省，再次推进综合医改先行先试，积极探索对全国有示范意义的样本。

推进优质医疗资源普惠共享

衢州市柯城区七里乡村民唐七良，发现肝癌复发，通过和省肿瘤医院结对的家门口医院——柯城区人民医院，微创介入手术，整个治疗时间不过半个小时，除去报销、大病补助，老唐只付了3000元左右。

这些让多少患者做梦也没想到的场景，在浙江各县域医院频频出现。

回应人民群众"家门口有名医坐诊""挂号不用排队""减少就医奔波"等期盼，2013年6月，浙江启动实施"双下沉、两提升"工程，着力推动城市优质医疗资源下沉和医务人员下基层，提高县域内医疗卫生服务能力，提升群众就医满意度，拉开了深化医疗体制改革的大幕。

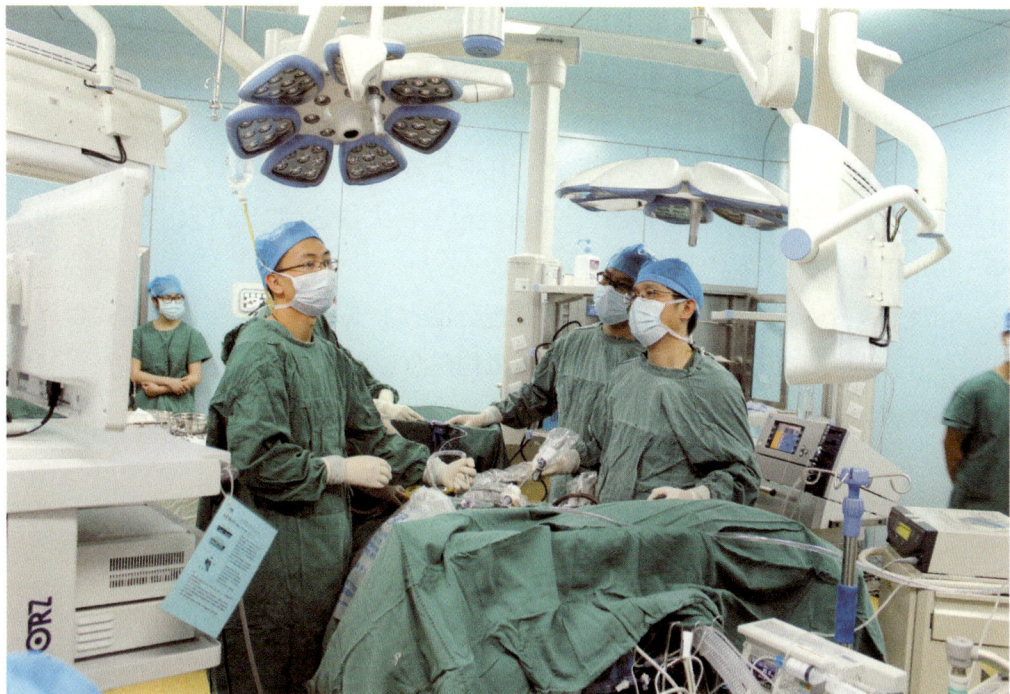

　　全省15家省级、39家市级三甲医院与122家县级医院"联姻"合作办医，全省89个县（市、区）实现城市三甲医院优质医疗资源全覆盖。

　　从2013年起，省财政每年安排专项资金2亿元，用于支持开展优质医疗资源下沉的省级医院和基层医院；2014年，浙江下发《浙江省城市优质医疗资源下沉考核办法(试行)》，量化评价指标，明确效果要求；2015年，浙江将"双下沉"列为省委2015年重点突破改革项目，出台了《浙江省人民政府关于推进"双下沉、两提升"长效机制建设的实施意见》，确保城市医院人、财、物有效下沉。

　　"双下沉"给基层医院留下了一支"不走的"省市级专家医疗队。县级医院通过建立县域医学影像、临床检验、心电检查、慢病管理等区域共享中心，设立基层住院分部和专家门诊，定期下基层带教查房，构建技术协作合作体等多种形式，努力推进县级医疗资源下沉对乡镇的全覆盖。老百姓"足不出县"就能享受优质医疗服务，"县域皆有名院、县院皆有专家"成为现实。

"双下沉、两提升"的最终指向，是实现分级诊疗。杭州、宁波、温州、嘉兴、绍兴、台州、丽水等7个市、47个县(市、区)相继开展了分级诊疗试点工作，覆盖了70%的地市和近50%的县(市、区)。

在此基础上，浙江出台《关于推进责任医生签约服务工作的指导意见》，让责任医生成为居民健康的"守门人"，全省规范签约人数达到710万人。提出到2020年，每个家庭拥有1名签约服务的责任医生。

由此，一个基层首诊、双向转诊、急慢分治、上下联动的分级诊疗模式得以建立。2016年前三季度，全省基层医疗卫生机构门急诊人次同比增长了11.57%，基层诊疗人次占比上升了2.21个百分点，签约居民满意率达81%。

全面破除"以药补医"机制

"十二五"时期，浙江省药品采购价格平均降幅达60%。降幅缘何那么大？

2011年，浙江明确提出以"药品零差价"为切入点，启动县级公立医院综合改革试点。2014年4月1日，全省所有公立医院实施综合改革，彻底切断存在多年的"以药补医"的生存模式。

除中药饮片外，所有药品实行零差率销售；合理上调诊查费、护理费、治疗费、手术费等医疗服务收费标准；对于取消药品加成后10%的收入差额，由医院通过改进内部管理、加强成本核算等措施自行消化，90%通过调整医疗服务收费补偿，并及时调整医疗服务项目医保支付标准，确保不增加患者负担。

同时，浙江强力推进药品采购供应机制改革。2015年7月起，在杭州、宁波、温州、绍兴4个市和省级医院开展试点。通过改革，探索建立药品分类采购、医保支付标准和药品集中采购监管新机制，构建全省统一的网上药品采购交易平台。目前，杭州、宁波、温州、绍兴已实施药品采购新机制，药品采购价格有较大幅度的下降。

2011年以来，公立医院药占比下降8.7%；门诊和住院均次费用年均增长均为4.5%，得到较好控制；医疗费用个人自负比例连续多年实现零增长。其中，2015年省属公立医院门诊和住院均次费用分别增长3.85%、0.9%，增幅同比进一步下降。

各医院加快传统就医流程信息化改造，快步推进浙江智慧医疗建设，推动影像、检验、心电、病理和远程会诊等资源共享中心建设，并探索建立全省妇幼卫生信息共享平台登记办证服务平台。

2015年7月30日，舟山群岛网络医院正式上线启用。舟山海岛居民看病问诊无需到医院排队，只需通过视频就能约到三甲医院的专家名医。临床会诊、心电诊断、医学影像检查等也能在海岛上完成。

推进医保支付方式改革，首批确定浙医一院、浙医二院等6家医院为试点单位，应用全国首个医保移动支付平台——医快付，大大节省了医保患者排队付费时间。

积极构建完善全民医保体系

2016年2月3日从丽水市中心医院出院的遂昌县车前村村民曾仙媛说："门诊报销50%，住院报销70%，拿着社保卡刷一刷，缴费、结算都办妥了！方便又实惠。"

52岁的曾仙媛患心脏病多年，以前住院费报销比率只有30%，报销流程走完要几个月；现在缴费、报销直接刷卡一次性搞定，报销比率最高达到80%。

曾仙媛切身感受到的变化，就是城镇居民医保和新农合保险并轨的成果。在浙江全省，不分城乡、不分身份，全体居民同享城乡居民基本医疗保险制度，彻底打破了长期以来全民基本医疗保险城乡分割的"二元结构"。

早在2014年底，浙江就实现了城乡居民基本医疗保险制度，率先在全国完成城乡居民医保职能、制度、经办并轨。到2015年底，全省职工医保参保1993万人，城乡居民医保参保3202万人，总参保率达到95%，全民医保体系基本形成。

"整合后的城乡居民医保更趋公平，近年来居民医保待遇水平也稳步提高。"省人社厅医疗保险处负责人介绍，我省城乡居民人均筹资标准从2012年的489元提高到2015年的785元，县域内政策范围内门诊费用报销比例从2012年的35%提高到50%左右，县域内政策范围内住院费用报销比例从2012年的62%提高到75%左右。

2015年，浙江率先实现大病保险制度全省全覆盖。在城乡医保制度整合的基础上，浙江进一步提高政策含金量，通过公开公平竞争方式，将格列卫、赫赛汀等15种大病治疗必需、疗效明确的高值药品纳入大病保险支付范围，明确大病保险阶段报销比例不低于50%。

近年来，我省已经形成以基本医保为主体、大病保险为延伸、医疗救助为托底、其他保障形式为补充的多层次医疗保障体系，有效减轻了重病患者的家庭负担。2016年全省基本医保参保人数达5190万，参保率维持在96%左右。

2016年7月，浙江省出台《关于进一步调整完善职工基本医疗保险个人账户有关政策的通知》。通知明确，自8月1日起，省医保将在国内率先推出个人账户家庭共享政策，结余资金可以支付近亲属(配偶、子女、父母等)的医疗保健费用。

浙江省政府办公厅还出台了《关于深入推进城乡居民基本医疗保险制度建设的若干意见》，提出明确目标，统一参保范围、资金筹集、保障待遇、经办服务、基金管理和医保监管，推动保障更加公平、管理服务更加规范、医疗资源利用更加有效。

案例评析

　　为推进医疗资源均等化，浙江以共建共享为基本原则，在体制机制、制度政策上系统谋划，创新路径、手段和内容，着力解决县级公立医院和基层医疗卫生机构人才短缺和服务能力薄弱、资源配置失衡等问题。通过合作办医、共建城乡医院，促进优质医疗资源合理配置；推动各类医学人才下沉，补齐基层卫生人才短板；推动三甲医院资金下沉，建设县级分院，共建专病中心，运用经济纽带实现合作办医长效化；统筹推进医疗、医保、医药改革，充分发挥了医改政策叠加效应。实施四年多来，共有54家省、市级三甲医院与122家县级医院合作办医，组建医疗共同体，推进分级诊疗制度，有力提升了县级医院的学科建设和医疗水平，提升了老百姓就医满意度。2016年中办和国办联合发文将该项工作作为典型案例向全国推广。

河长制推动"河常治"

袁 卫

"省长村长，都是河长"。作为浙江综合治水的创新之举，河长制自2013年全面推广以来，已成为浙江决胜江河、唤回清流的重要抓手和信心来源。

目前浙江共配备各级河长6万多名，守护着13万公里河道。

2016年12月，中共中央办公厅、国务院办公厅印发《关于全面推行河长制的意见》，并发出通知，要求各地区各部门结合实际认真贯彻落实。这标志着河长制这一先行先试的浙江经验正式走向全国。

一河一长

清晨，金华婺城区新狮街道沙溪村薄雾笼罩，村委会主任邵伟鑫沿着村旁的通园溪走走停停、仔细巡河。在晨光映照下，通园溪波光粼粼、清澈见底，倒映着两岸的村居和绿树。

作为通园溪沙溪村段的村级河长，定期巡河是邵伟鑫的任务之一。即使到了春节假期，护水巡河仍然是他念念不忘的功课。他说："每天来走一走，看到溪水清了，河面无垃圾漂浮物了，心里才踏实。"

邵伟鑫是浙江6万多名河长中的一员。

浙江是全国领跑河长制的地区之一。在"五水共治"推进过程中，浙江初步形成了一套以河长制为核心的治水长效机制和责任体系，有力地推动了最严格水资源管理和保护制度的落实，促进了水环境质量的改善，营造了全民治水护水的良好氛围。

2013年11月，浙江省委、省政府出台了《关于全面实施"河长制"，进一步加强水环境治理工作的意见》，到2013年底，省、市、县、镇（乡）四级河道实现河长制全覆盖；2015年5月，浙江省委办公厅下发《关于进一步落实"河长制"完善"清三河"长效机制的若干意见》，对河长制的组织架构、河长牌的设置、河长巡查制度进一步明确。

河长制根据河流的性质分别确定不同级别的河长及责任单位。如钱塘江由副省长担任总河长，流经的杭州、绍兴、金华、衢州和丽水5个地区市、县主要或分管负责人任河段长，同时明确了相应的联系部门，并进一步向乡镇、村延伸。省级河长主要负责推进水环境综合整治工作，市级以下河长直接对相关分管河段负责，包括牵头水环境整治方案的制定、论证和实施，强化各级行政力量的协调和调度。责任部门协助河长履行指导、协调和监督职能，负责河道治理方案的具体落实。

河长们上任后，纷纷着手河道会诊，全面排查河道排水口、沿河企业及作坊、居民排水情况，全面梳理辖区内脏乱、黑臭河道基本情况，切实掌握污染源总量构成及分布状况。具体问题具体分析，实施"一河一策"，对症下药。

2017年4月，浙江共有6名省级河长、199名市级河长、2688名县级河长、16417名乡镇级河长、42120名村级河长，还有为数众多的民间河长，形成了省、市、县、乡、村五级联动的河长制体系，不仅实现了全覆盖，还将河长制延伸到了小微水体。

挂牌上岗

"如果龙石溪消除不了劣Ⅴ类，我就趴下去喝溪里的水。"2016年5月，丽水经济技术开发区党工委书记、管委会主任丁绍雄公开表态。作为市级河长，他对开发区内8条溪流水质负责。

从2016年7月开始，龙石溪沿线100米范围内的73家企业纷纷破土整改，企业内的雨水管一律明沟明渠，污水管也架空铺设，并进行闭水试验。丁绍雄更是8次带队下河，开展"清扫龙石溪"活动，园区党员干部、企业职工硬是靠人力，清理了龙石溪里的絮状漂浮物。

经过不懈努力，丽水经济技术开发区的8条溪流水质得到不同程度改善，龙石溪成功消除劣Ⅴ类水。

目前，浙江每条河道都在醒目位置设立河长公示牌，醒目标出了河长联系方式、巡河频次等信息。浙江明确，各级河长是包干河道的第一责任人，承担河道日常管理、协调推进河道治理、监督日常清淤保洁等"管、治、保"三位一体职责。

在河长制的推动下，对河流湖泊尽心尽责地保护，已经成为全省各级河长的共识。

在嘉兴港区的化工新材料园区，大小11条河道都被"包干到户"，园区确定了8家企业负责人为河长，另有20多家河长成员单位，实行"门前三包"，企业家们说，担任河长，是一种荣誉和责任；

在温州瑞安，塘下镇人大副主席胡忠义在两年多时间里，分别担任过上金村旺金浃、银岙村银岙河以及塘西村樟树下河的河长，其中两条曾被列入"黑臭河"。他说，担任了河长，就是把责任扛在了肩上，不管河水治理多难，都要始终如一干到底……

为了避免河长孤军奋战，实现以河长为首的多部门联合治水合力，浙江通过建立联席会议制度、成立联动执法机构、打造信息共享平台等，加强行政、公安、司法等部门的合作，综合运用监督、打击、保护、预防、教育等手段，切实发挥联动治理的功效。在此基础上，浙江还创新了河长公示、河长巡河、举报投诉受理、重点项目协调推进、例会报告等日常工作制度。

河长制推行以来，全省共消灭6500公里垃圾河，整治"黑臭河"超过5100公里，城乡水环境明显改善。

以考促治

"河长不好当，河长要当好。"在浙江，"河长"是一个责任明确、任务具体、考核严格的"实职"。

开展"五水共治"以来，浙江省委、省政府每年召开一次全省河长制工作会议，对河长制工作落实情况进行部署。同时，将各地河长制落实情况纳入"五水共治"工作考核的重要内容，并逐级对每位河长履职情况进行严格考核问责，结果作为党政领导干部考核评价的重要依据，有力地压实了各级党委政府和各级河长的治水工作责任。

2016年6月，省治水办出台了《基层河长巡查工作细则》，从总则、职责分工、巡查频次和内容、巡查记录、问题发现和处理、考核奖惩以及附则等7方面，为浙江基层河长的巡河工作制定了详细规范，明确"对巡查履职不到位、整改不力等行为，在约谈警示的基础上，还应进行督办抄告，视情启动问责程序"。

30个省委"五水共治"督查组明查暗访，把河长制落实情况作为督查的重要内容。全省各级人大、政协通过执法检查、专题审议协商、委员视察等形式，对河长制落实情况进行监督。

新形势下，浙江在突出河长防污、治污职责的同时，进一步完善了河长在加强水资源保护、水域岸线管理保护等方面的职责和任务。

在全省剿灭劣V类水工作会议上，浙江省委明确提出，要切实用好河长制这一制度利器，确保责任落实到人到位到点。对劣V类水质断面所在河道，市、县主要领导亲自担任河长，既挂帅又出征，协调制定作战图，全力推进攻坚战；在省、市、县、乡、村五级河长组织体系的基础上，配备河道巡查员、网格员，设立河道警长，进一步完善责任落实机制。

智慧治水是浙江强化考核监督、压实河长责任的又一探索。目前，浙江以钱塘江河长制信息系统为龙头，已经初步实现了河长制信息平台、各类APP与微信平台的全覆盖，为河长们搭建起了融信息查询、河长巡河、信访举报、政务公开、公众参与等功能为一体的智慧治水大平台。这些信息化平台不仅让各级河长巡河轨迹可查、结果可考，还实现了群众投诉举报第一时间受理交办，为全民参与治水提供了新渠道。

省治水办相关负责人表示，在不久的将来，浙江将实现河长制管理信息系统全覆盖，对各河长履职情况进行网上巡查、电子化考核。

案例评析

　　"河长制"是浙江综合治水的制度创新和关键之举，由各级党委、人大、政府、政协负责人担任"河长"，负责辖区内河流的治理和管护，以实现河道水质与水环境持续改善。自2013年推广以来，各级河长担任包干河道的第一责任人，协调推进治水项目，开展河流日常巡查，受理投诉举报，严格履行"管、治、保"职责。浙江还健全常态管理机制、动态跟踪机制和执法监管机制，加强对河长履职情况的考核，严格责任追究，形成了一套以河长为核心的治水长效机制和责任体系。目前全省设立了省、市、县、乡、村五级河长，实现了"河长"网络全覆盖。在6.1万名河长的带领下，浙江写就了一部现代版"大禹治水"壮歌：共消灭6500多公里垃圾河，整治5100多公里"黑臭河"，有力推动了最严格水资源管理和保护制度的落实，促进了水环境质量明显改善，营造起全民治水护水良好氛围。2016年底，中办、国办联合发文在全国全面推广"河长制"做法。

农村文化礼堂越办越有味道

朱　馨

浙江通过标准化的"建"、规范化的"管"、常态化的"用"、内涵化的"育"，推进农村文化礼堂可持续、常态化发展。

2016年4月12日，浙江全省农村文化礼堂建设现场会在东阳召开。这项启动了3年的文化工程，从建设成长期进入持续发展阶段。

在建成4959座农村文化礼堂基础上，省委、省政府提出，围绕实现更高水平的文化小康、建好高水平有质量的"文化综合体"的目标，通过推动标准化的"建"、规范化的"管"、常态化的"用"、内涵化的"育"，打好一体化组合拳，推进农村文化礼堂可持续、常态化发展。

文化礼堂提质扩面

为顺应广大农民群众的新期待，在物质富裕的同时不忘精神富有，在"建设美丽浙江、创造美好生活"中促进人的全面发展，2013年，省委、省政府提出"建设农村文化礼堂"。4年多来，农村文化礼堂建设年年都被纳入省政府十件为民办实事项目。

这之后，农村文化礼堂建设力度加大，步伐加快。省里成立农村文化礼堂建设工作领导小组，每年召开现场推进会，并把这项工作纳入美丽乡村建设考核。从试点先行到全面推开，再到提质扩面，从规划设计到内容供给，再到验收考核……数年间，农村文化礼堂从无到有、由点到面、盆景变风景。截至2015年，4959座农村文化礼堂盛开在浙江乡村。

以农村文化礼堂为蓝本，浙江省被文化部列为全国基层综合性文化服务中心建设工作试点省。

文化礼堂是"聚心堂"。在这里，村民排演节目，共办"村晚"；大家交流书目、赏心阅读。传教家规家训，举办"开蒙礼""成人礼"，社会主义核心价值观润泽民心。

文化礼堂是"乡愁基地"。在这里，农家农具、历史遗物、民俗器具等"宝贝"被挖掘整理；散落乡间的民间技艺、民风民俗、传统曲艺被传承发扬；传统文化和乡村记忆得到了存留和延续。

文化礼堂是"红色殿堂"。"升国旗唱国歌""诵读红色经典"，表彰道德先进最美人物，用故事来诠释政策法规……潜移默化间，党和国家的声音在农民群众中入耳入脑，农村文化礼堂成为巩固基层执政基础的重要阵地，法规约束自然而然地变为百姓自觉。

在浙江，文化礼堂承载着越来越重要的使命。2016年起，浙江每年都将新增1000座以上农村文化礼堂。到"十三五"末浙江将建成万家文化礼堂，覆盖80%的农村人口，文化礼堂将成为高水平的农村文化服务综合体。

"建管用育"一体发展

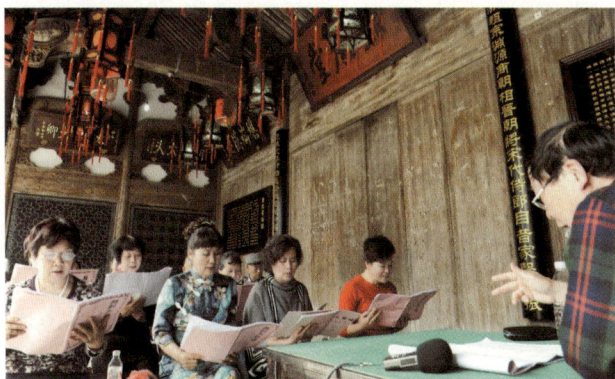

东阳市蔡宅村是个具有800年历史、有260余幢明清古建筑的历史文化村落。村里利用这些古建筑，建设了农村文化礼堂。

走进蔡宅村文化礼堂，可以听到孩子们琅琅的诵读声："睦宗亲，亲邻里，笃孝思，重严慈……"这是当地正在举行"族规家训"文化传承活动。该村挖掘当地的家训文化、乡贤文化、耕读文化、善行文化，从而培育形成了独特的礼堂文化，深受村民们喜爱。

礼堂只是场所，文化才是内涵。在管好用好育好农村文化礼堂的过程中，东阳市摸索出了不少经验：注重风格"特色化"，突出"一村一色""一堂一品"，把文化礼堂打造成承载乡愁、展现乡风的"村庄客厅"；注重管理制度化，力求文化礼堂有序运行；注重活动常态化，组织一系列接地气的文化活动，将文明之风播进农民心田；注重服务"品质化"，秉承以人为本的理念，整合资源、拓展功能，不断提升文化礼堂的使用率和农民群众的参与率。

"全市86个文化礼堂建成后，农村群众读书练字作画的多了，赌博、迷信的少了；遵守家规家训的多了，矛盾纠纷少了；传承民俗礼仪的多了，信访上访的少了，和谐向善的文明乡风逐步形成。"东阳市委书记黄敏说。

像东阳市一样，全省各地的文化礼堂进入"建管用育"一体化的新常态。

杭州市围绕培育礼堂文化开展以"红色主题教育"增强理想信念，以"村规民约家风"孕育文明乡风，以"节庆礼仪民俗"弘扬优秀传统，以"特色文化讲坛"培养新型农民，以"乡村文化走亲"繁荣村落文化，以"网络传播平台"构建虚拟礼堂的"六大行动"，推动农村文化礼堂以德树人、以文化人、以礼育人、以艺悦人、以堂聚人。

温州市开通文化礼堂网站、微信公众号、手机微网站等载体，构建网络供需平台，将群众的"需"与政府的"送"匹配起来，精准化推进农村文化礼堂服务。农民群众点击温州文化礼堂微信公众号，查找"供需对接平台"栏目，就可随时随地"点单"服务项目，邀请到文化礼堂免费演出。

舟山市组建文化礼堂联合会，通过组团联盟建立用好文化礼堂的互动交流机制，一起策划组织活动，让文化资源充分共享和均衡发展。

丽水市出台农村文化礼堂星级评定管理办法，建立"星级评定"制度，对文化礼堂实行动态管理，通过培育特色的示范标杆文化礼堂，引领全市文化礼堂长效运行和可持续发展。

文化能人驻扎礼堂

2014年高河塘文化礼堂准备筹建时，宁波市北仑区退休教师钱树德主动参与，当上了文化礼堂管理员。把班子搭起来、把队伍建起来、把活动办起来，钱树德用"三板斧"让高河塘文化礼堂"生意好得很"。

在现场会上，钱树德向大家传授办活礼堂的经验："礼堂文化要讲思想性，营造社会主义核心价值观的氛围；文化礼堂是乡愁的安身之处，根扎稳了，魂就回来了；文化礼堂的钥匙交给谁？文化礼堂为谁服务？村民！我们安排好丰富多彩的活动，来文化礼堂的人也很多。"

钱树德的发言获得了满堂喝彩。省委常委、宣传部长葛慧君说："文化礼堂工作需要热心人，像钱老师这样热心文化、投入文化的精神令人钦佩。"

"要当有文化的村干部。"根据钱树德的倡议，高河塘文化礼堂办起了"村官读书班"，在街道党工委安排下，钱树德担任班长，首批16名村支书、村主任成为学员。读书班为期8周，每周一课，既有文化课，又有实务课。

在浙江，一批文化能人驻扎农村文化礼堂，把文化礼堂办得有声有色。而群众导向的制度设定和活动安排，也让越来越多的农民群众聚集到文化礼堂，真正做到"身有所憩、心有所寄"。

长兴县通过对71个农村文化礼堂探索实施"文化点餐制"服务活动，把公共文化服务的选择权真正交给群众，开展了各类文化服务项目700多个，吸引群众参与达36万多人次。

"突出农民群众主体地位，才能激发农村文化礼堂内在活力。"时任海盐县委书记沈晓红介绍当地文化礼堂建设的做法是：聚焦群众所思所盼，建好文化礼堂；

突出群众喜闻乐见，用活文化礼堂；激发群众参与热情，管实文化礼堂。

如今，越来越多的农村文化礼堂成为乡村的文化地标，不仅构筑起农民的精神家园，更成为培育和践行社会主义核心价值观的平台，打通了推进基层公共文化服务标准化均等化的渠道。

案例评析

自2013年始，浙江以建设农村文化礼堂为载体，注重价值引领，乡风文明弘扬、文体知识普及，为农民群众打造了一个个精神文化家园。按照"建"有标准，"管"有队伍，"用"有实效的要求，浙江编写《文化礼堂操作手册》，建成6527个配备文化活动室、农家书屋、广播室、文体活动设施的文化礼堂，组建了指导员、管理员、志愿者三支队伍，开展有一首村歌、有一则村训或村规、有一个"善行义举"榜（栏）、每年办一台村晚等"七个一"活动，让文化礼堂成为培育和践行社会主义核心价值观的新阵地，弘扬优秀传统文化的重要平台，加强农村思想文化阵地的重要抓手。农村文化礼堂建设得到了广泛好评，在丰富农民群众精神文化生活的同时，弘扬了乡风文明，增强了村民归属感，夯实了党的执政基础。在全国农村精神文明建设工作经验交流会和全国基层公共文化服务工作现场会上，浙江农村文化礼堂建设经验被作为典型推广。

舆论监督推动城乡环境改善

金 侹

2014年3月20日，浙江广电集团推出了新闻栏目《今日聚焦》。截至2017年年底，播出650余期节目，其中监督类报道占比达到99%，曝光了一大批"三改一拆""五水共治""四边三化"等涉及城乡居民生活环境的问题，以舆论监督之力，有效推动了浙江城乡环境的改善。

据省相关部门统计，96%以上播出的问题已经整改到位或落实了整改措施。基本实现"篇篇有反馈、件件有落实"，成为省委"天天督查抓落实"的重要抓手。《今日聚焦》在浙江甚至全国掀起了"聚焦现象"，省内开办了近70档类似的监督类电视新闻栏目，省外山东、河北、江苏等多家电视媒体借鉴《今日聚焦》运作模式，也开展了新闻舆论监督。

擦亮眼睛

一个每期只有5分钟篇幅的"小体量"节目，何以备受浙江上下的普遍关注？

城乡规划建设滞后，违法建筑遍地开花；水环境恶化，江河变得黑臭，已成为浙江遭遇的"成长的烦恼"。开展舆论监督报道，是主流媒体唱响主旋律、传播正能量的客观要求，也是塑造公信力、提高美誉度的具体体现。

浙江广电集团把办好《今日聚焦》作为重要的政治任务来执行，由集团党委和编委主要领导亲自挂帅，成立工作领导小组，加强对栏目的策划和组织工作。

创办伊始，就明确了办好《今日聚焦》的报道六大"原则"和新闻采访三个

"关键"。栏目制定了严密的选题采编程序，严格落实"三级四审"制度，力求做到话题精心筛选，事实仔细核准，过程客观表达，点评理性精到。

为了打响"第一炮"，集团召开专门动员会，整合广播电视各频道的采编力量，以浙江卫视为班底，从集团内电视、广播各频道抽调30名新闻业务骨干，共60人组成30个采访小组，跟随省"三改一拆"督查组分赴30个县（市、区）开展首轮督查工作。工作常态化后，栏目以浙江卫视新闻中心为主，从集团各宣传单位抽调10名采编骨干，目前共计30人，全力以赴投入日常报道工作。

栏目坚持"政府关注、群众关心、近期可整改"的原则，坚持深入调查、曝光问题、推动整改。栏目对生态敏感区水环境建设、"清三河"整治、主要流域水质提升等展开重点监督，对少数人利用职权违建、侵占基本农田违建、以及顶风违建等现象进行明查暗访。栏目全体采编人员坚持"用事实说话"，扎根基层、贴近现场，反复核实相关新闻事实：有的记者在恶臭熏天的工业废水口蹲守了三天三夜，有的记者顶烈日冒酷暑沿海塘徒步几十公里寻找排污口，有的记者在芦苇丛、沼泽潭中追查企业私埋的管道，还有的记者扛着几十斤重的机器设备爬上几百米山顶取景……

记者始终恪守新闻职业精神，敢于碰硬、勇于亮剑，确保播出内容"有根有据""铁板钉钉"，使栏目始终坚持了"高密度""有力度"的播出，啃下了一批"硬骨头"，拔掉了一批"死钉子"。

护美环境

监督只是手段，其根本目的是揭示事实真相、推动问题解决。《今日聚焦》栏目开播以来，钱江源、瓯江、兰溪江、千岛湖等流域和区域的水环境问题一直是栏目关注的重点。

2014年3月31日，《今日聚焦》重磅推出《游船餐饮污水倒入千岛湖》，通过记者暗访、实拍游船餐饮废水直接倒入湖中的过程，揭示了当地在保护"浙江大水缸"中存在的严重问题，分析了职能部门重形式轻监管、爱做表面文章带来的危害。第二天，当地召开县委常委会议，对涉事游船进行了严厉处罚，对玩忽职守的部门责任人作出了问责处理，同时举一反三，全面规范千岛湖旅游经营行为，还千岛湖一片洁净。

2015年2月3日，《今日聚焦》播出了《东坑片区企业肆意排放超标污染物》，对丽水地区的这片"青山绿水"引进其他地区的落后淘汰企业，疏于监管污水直排的现象给予了重点关注。节目播出后省主要领导对当地存在的问题及整改进行了批示，有力地督促了当地政府关停、搬迁污染企业，促进了飞云江、瓯江流域的生态治理。

园区、企业的偷排、漏排问题既是重点，也是难点。《今日聚焦》记者发扬不怕苦不放弃的职业精神，经常连续通宵蹲守、明查暗访，发现了一个个企业的排污证据。

2014年12月16日播出的《食用明胶企业生产废水直排鳌江》报道，就是记者在鳌江边连续蹲守3个昼夜的成果，记者甚至将企业地下管网运行图掌握得一清二楚，连企业专业人员都自叹不如。省主要领导在收看节目后，对企业存在的问题进行了重要批示，温州市、苍南县主要领导亲赴一线指导问题整改。在铁一般的事实面前，这家当地的重点龙头企业不得不关停整顿。

栏目还对台州、温州等沿海地区化工企业存在的问题进行了关注。2015年5月1日和5月11日，分别播出了《有害化工残留物渗漏进入海游港水域》和《园区地下酸性污水持续污染解放塘河》。2015年7月6日，记者历经2个月的调查，推出了《医化园区企业违规排放严重有害废水》报道。报道播出后引起了当地政府的高度关注，包括多家上市公司在内的企业被责令停产整顿，周边水环境问题得到初步改善。

照亮民心

为扩大节目影响，把省委、省政府推动工作的情况传播到社会各个群体，广电集团统一部署多频道、多终端立体播发，实现了多个层次的互动传播。首先是浙江卫视内部的互动，《浙江新闻联播》每天播出《今日聚焦》当天的内容预告，并第一时间做好报道反馈。其次是频道之间的互动，电视方面，安排浙江卫视、公共频道、钱江频道、浙江经视等分别进行节目重播或者摘播；广播方面，浙江之声《浙广早新闻》也对每期节目进行编辑后播出。再次是台网互动，与"中国蓝新闻"客户端、新蓝网以及微博、微信等新媒体进行联动播报。

在"立体式"聚焦和当地党委政府的努力下，一批"老大难"问题得以顺利解决。

2015年5月，记者接到杭州萧山区群众的反映，当地的"里湖河"脏乱不堪，周边居民生活受到极大影响。经过调查，记者发现当地在"清三河"工作中认识不够到位，行动没有落实，导致该河道污染30年来却从未得到治理。报道播出后，省委领导两次对这一问题进行批示，并明确要求"反馈上《今日聚焦》"。经过《今日聚焦》的报道，当地政府迅速行动起来，对里湖河存在的问题进行集中整治，半个月后，整治初见成效，里湖河面貌焕然一新，周边居民的生活得到了极大的改善。

从《马岙河再度遭企业直排废水污染》，到《南新河整治后仍在排放超标污水》，再到《整治后的西环河水质反弹浮萍疯长》等报道，都体现了《今日聚焦》集中"火力"对问题进行精确"打击"，推动各地快速反应、大力整改。基本做到了篇篇有反馈、件件有落实。

案例评析

　　《今日聚焦》是浙江卫视一档播出时长仅5分钟的舆论监督栏目，以"建设性舆论监督"为主旨，重点围绕"拆治归"等省委、省政府中心工作，推出有影响力的舆论监督类报道。自2014年3月开办以来，播出650余期节目，监督类报道占比达到99%，构建起监督、整改、反馈的快速联动机制：栏目记者独立调查、涉事地研究整改措施、省有关部门推进落实、省委督查室全程跟踪整改。栏目曝光问题的整改完成率达到96.2%，基本实现"篇篇有反馈、件件有落实"，成为省委"天天督查抓落实"的重要抓手。《今日聚焦》在浙江甚至全国掀起了"聚焦现象"，省内开办了近70档类似的监督类电视新闻栏目，省外山东、河北、江苏等多家电视媒体也借鉴《今日聚焦》运作模式，开展了新闻舆论监督。

"两网融合"打造"枫桥经验"升级版

王 春

从五年前在全国首吃"螃蟹",拉开网络司法拍卖大幕,到世界首个互联网法院落户杭州,实现"键对键"打官司,浙江"互联网+"的节奏和效能,令世人为之惊叹!

党的十八大以来,浙江政法战线秉承"干在实处、走在前列、勇立潮头"的浙江精神,在互联网浪潮中激流勇进,创新发展"枫桥经验",积极探索"互联网+社会治理"新模式,深入推进社会治理体系与治理能力现代化。

浙江省委书记、省人大常委会主任车俊表示,"浙江政法战线始终坚定不移地沿着'八八战略'指引的路子,围绕打造'枫桥经验'升级版、建设平安中国示范区的目标,重基层抓基础,重预防抓整治,重共建抓创新,全面提升社会治理社会化、法治化、智能化、精细化、专业化水平,建设更高水平的平安浙江、法治浙江,不断提高人民群众的安全感、幸福感和获得感。"

夯实基层基础

"云上浙江",威力无穷。其重要支撑就是社会基层治理的一张"大网"。

这张大网是由"网格化管理、组团式服务"与平安建设信息系统构成的"两网融合"。

浙江省委政法委副书记、省平安办主任马以介绍说,经过十余年努力,浙江构建了全省"一张网"的基层治理体系,建立"全科网格"制度,划分了7.8万个网格，建成了一支23.4万人的网格员队伍。2017年以来，全省网格员共上报各类矛盾纠纷和问题453万余件，平均每天推动解决问题1.88万件，95%以上的矛盾问题在镇村得到妥善解决。

浙江在县乡两级建立社会治理综合指挥平台，全部接入省平安建设信息系统、综治视联网、公共安全视频监控系统，确保构建一个网上网下联动的实体运作体系。

在"枫桥经验"发源地——诸暨市枫桥镇，综合指挥中心大屏幕上，每天滚动着全镇近8万人的"喜怒哀乐"。

为打通基层治理"最后一公里"，枫桥镇建立综治工作、市场监管、综合执法、便民服务四大平台，所有执法人员集中办公，全天候巡逻执法。各类民生事实现实时受理处置。2017年1月至7月，全镇调解各类矛盾664起，调处率100%，成功率98.4%。

"平安浙江"APP受众广泛，目前用户已达500万个。这款手机客户端在关键时刻还能救人，嘉善县魏塘街道综治指挥室就通过一条APP发送的举报信息，成功打掉一个传销窝点，将被困人员及时解救。

由于"互联网+"的蝴蝶效应，基层治理创新经验层出不穷：桐庐县形成"互联网+社会治理"的智慧治理模式，桐乡市组建"乌镇管家"队伍，提升了社会治理水平。

多元化解纠纷

"互联网+"，让矛盾纠纷化解更加及时高效。

杭州市西湖区法院将"互联网+"与诉讼服务、调解审判执行等相结合，创新陈辽敏网上工作室、电子商务网上法庭、电子督促程序、三方远程审理模式等新载体，促进了大量矛盾纠纷线上化解，为当事人减少了诉讼成本。

登录"在线矛盾纠纷多元化解平台"，不仅可以与机器人对话，还可以咨询打赢官司的可能性，除咨询、评估、调解、仲裁、诉讼等功能一应俱全，更关键的是

24小时"在线"。

杭州王先生2017年5月曾被某款共享单车APP多扣了上百元押金。平台"在线调解"用了十几分钟就为他拿回了这笔钱。

浙江探索了社会组织参与纠纷化解、律师调解制度、电子督促程序、中立评估机制、矛盾纠纷多元化解平台建设等12个矛盾纠纷调解项目。

时任浙江省委政法委副书记、省综治办主任刘树枝介绍说，"枫桥经验"是浙江政法综治战线的一面旗帜。从推进社会治理"两网"融合，到建设矛盾纠纷多元化解平台，浙江在社会治理领域大胆注入信息化的基因，赋予"枫桥经验"新的时代内涵，有力推动"枫桥经验"转型升级，以实际成效向"枫桥经验"55周年献礼。

保障公共安全

浙江的公共安全管理正向"互联网+"时代迈进。

浙江省公安消防总队运用"互联网+"理念，大力推广运用智慧用电、智慧消防站等新技术、新产品、新手段，有效扭转火灾防控被动局面。2016年至2017年10月，全省未发生"三合一"较大亡人火灾，出租房和电气火灾占火灾总量比重由60%降至40%以下。

"雪亮工程"进一步推动现代科技与社会治安综合治理深度融合，通过重点公共区域视频监控的联网应用，浙江织就了一张严密的"天网"。在全省184万个监控探头中，有70%以上的重点公共区域已经实现了视频监控的联网。

以"实名制"为切入点，浙江更重视大数据对公共安全危机的预警作用。杭州警方利用热力图显示，迅速启动红色预警，紧急叫停西湖音乐喷泉去年改造后的首场演出，及时疏散5万人流，确保游客安全。

在"互联网+安全生产"中，宁波镇海搭建全国首个智能化道路运输安全监控平台，对危化品运输车进行24小时全方位、立体式监管，实现连续5年危化品道路运输"零死亡"。

在"互联网+食品安全"中，台州市椒江区建成"阳光厨房"170家，开创了全民参与餐饮监管新模式。

"互联网+"行动计划就像一场在公共安全领域刮起的风暴，最大限度地防住了社会风险，有力提升了公共安全管理工作的精细化、信息化和法治化水平。

案例评析

2011年以来，省综治办深入推进省平安建设信息系统与"网格化管理、组团式服务"两网融合，健全基层公共事件网上网下联动处置体系。将基层综治线的"七网八网"归并成全省统一的基层社会治理"一张网"，因地制宜发展专职网格员队伍，负责信息采集；推进县、乡两级社会治理综合指挥平台建设，重造社会治理链和工作流程，建立起资源共享、统一指挥、及时响应的事件处置机制；以浙江省平安建设信息系统为骨干平台，建立社会治理数据共享交换平台，加强社会治理研判分析。"两网融合"实现了信息全方位采集、事件全流程督办、民生精细化服务，实现了更大范围内信息的互联互通，增强了社会治理的统筹能力，提升了服务基层群众水平。

第四届浙江省公共管理创新案例

十佳创新奖

金华：两只垃圾桶成网红

马海涛　应飞舟　余贤忠

农村垃圾分类是小事，也是难事，还是长久事，既要集中精力打攻坚战，又要长远谋划打持续战。

2014年以来，金华市从本地实际出发，以分类减量和资源化利用为突破口，探索了一条农村垃圾治理新路子。到2016年12月底，此项工作已经覆盖全市100%的乡镇、98.1%的行政村。

垃圾分类减量处理的全面推行，不仅使农村环境整体改善，还引发了美丽产业发展、农民素质提升、干群关系融洽等连锁效应。"会烂""不会烂"两只垃圾桶成了"网红"。

小事大抓，逼出来的垃圾革命

农村垃圾问题看似小事，其实是人民群众的困难和"痛点"所在，更是社会经济发展的矛盾焦点所在。

2004年后，金华与浙江各地一样，在新农村建设中逐步建立了"户集、村收、乡转运、县处理"的集中收集处理模式，但随着农业生产方式的改变、农民生活水平的提高，垃圾越来越多、成本越来越高、处理越来越难等问题日益凸显。垃圾问题让金华感受到前所未有的压力，变革势在必行。市委、市政府审时度势出台了《金华市农村生活垃圾治理三年行动计划（2014—2016年）》，分类减量处理在争议声中成为主攻方向。

由于缺乏农村大范围实施的成功经验可供借鉴，2014年5月，选择市区工业主导、农业主导、城郊结合部等3个不同类型的乡镇开展试点，按照行政村、企事业单位全覆盖要求整建制推进。

针对农村垃圾分类工作牵涉面广、系统性强、工作量大的特点，金华市委市政府建立了"一把手"抓"一把手"的推进机制，市县乡村四级"一把手"既"挂帅"又"出征"，动员到户、宣传到人、检查到桶成为抓落实标准，并连续两年将其列入十大民生实事重点推进。市县两级还在"五水共治"办公室下设办事协调机构，将农村垃圾分类工作所需资金列入各级财政预算，做到有人管事、有钱办事。

在农村垃圾分类处理推进过程中，金华市一直秉持"真分类真减量"的初心，两年多时间共召开市级推进会8次，组织市级督查、暗访13次，在金华电视台、金华日报社开展专题市民问政5次。随着工作的深入，农村垃圾分类处理带动了美丽家庭创建、村规民约修订、网格化服务管理等各项工作的开展，已上升为当地加强基层治理的一个重要载体。

化繁为简，试出来的金华模式

金华农村垃圾分类做法被外界称为"金华模式"，它是在原"户集、村收、乡转运、县处理"体系上发展起来的，核心内容是"农户和保洁员二次四分、可堆肥垃圾村处理、不可堆肥垃圾乡镇转运县处理"，出发点和落脚点是"农民可接受、财力可承受、面上可推广、长期可持续"。

为了实现"四可"目标，金华在垃圾分类试点时就分析琢磨先前城市推广难的原因，对梳理出的关键问题组织攻坚。当时，群众怀疑甚至反对的根本原因是，像城市那样分类操作过于繁琐，因此化繁为简就列为头号问题。在各显神通的试点实践中，"会烂""不会烂"两只垃圾桶开始现身，具体是哪位农民创造已经无法溯源，但它的出现让大家都眼前一亮。经过顶层设计，"二次四分"法开始推行，农户层面只要分为"会烂"和"不会烂"两类，村保洁员收集后二次细分，将"不会烂"垃圾再分为"好卖"与"不好卖"两类，这样即使不识字的老人小孩也能明白怎么分类，而且万一源头分不好还有"二道保险"。

垃圾分类"前后端没有形成闭环"，是城市推进滞缓的重要教训。分出来的垃圾在收运处理环节又合回去，既影响人们的参与积极性，垃圾量也没有真正减下去。金华市以一村单建或多村联建方式建成阳光堆肥房1984座、微生物发酵器83座。终端处理设施建在村边可以大幅简化转运处理程序。经测算，每年约有40多万吨垃圾就近堆肥后还田利用，可节约成本超亿元，让大家认识到了垃圾分类不是只砸钱，还可以省钱。

垃圾分类刚开始，"不会烂"的玻璃、衣物、塑料等因为价值低无人问津，一般都归为"不好卖"垃圾处置。为了提高减量率，该市在供销社系统成立资源回收公司，定期上门兜底回收，进入填埋、焚烧渠道垃圾进一步减少，而且垃圾成分变简单也更有利于处理。

金华农村垃圾分类打的是全民战，宣传发动中抓牢党员示范这个核心，依靠妇女和学生两大主体以人带户推进，探索了党建+、条块协同推进等做法，如工会牵头开展驻村企业职工垃圾分类竞赛活动，妇联推出了"好姐妹宣讲团""垃圾分类巾帼先行""携手垃圾分类、共创美丽家庭"等活动载体，共青团发起了"让垃圾分开旅行""家园风景秀"等体验教育活动，教育部门组织了"小手拉大手"活动，组织优势、资源优势得到发挥，工作变得简单清爽。

上下联动，干出来的长效机制

农村垃圾分类是小事，也是难事，还是长久事，既要集中精力打攻坚战，又要长远谋划打持续战。

早在试点阶段，金华市就建立了"财政兜底、社会参与"的多元化资金筹集模式，后期不断总结完善形成"六项基本制度"，其中县级层面有垃圾分类工作分级考核制度、可再生资源回收制度，乡镇层面有保洁分拣员月评比制度，村级层面有垃圾分类网格化管理制度、环境卫生荣辱榜制度、农户"门前三包"和卫生费收缴制度。如今，金华农村开展垃圾分类，除硬件设施建设配置有补助，日常运维管理也有政策保障。一大批村庄还建立了"共建美丽家园维护基金"，资金来源主要是社会各界的捐资和村民自愿缴纳的卫生费，其中卫生费标准一般在每人每年12元至30元。

为了更好地开展标准化推广，该市委托上海同济大学开展"金华农村垃圾分类经验调查"，通过定量记录、入户询问、实地测量、抽样检测等形式，对垃圾分类实施方式、垃圾堆肥处理方法进行评估，用科学数据分析垃圾构成、垃圾减量比例、产出有机肥成分。2016年，《金华市农村生活垃圾分类管理规范》正式通过省专家组审定，成为全国首个地方性农村生活垃圾分类标准，对设施标准化、流程标准化、管理标准化等提出规范要求。

金华农村垃圾分类标准化是个动态概念，打造升级版是当前的新目标。2017年，该市启动了"全面创合格村、升级创优秀村"的"双创"活动，计划年内有30%的行政村升级提档。与此同时，2015年11月开始的农村垃圾分类立法工作也在加快推进，有关部门已经开展法案初稿的征求意见工作，下一步长效保障的力度将进一步增强。

案例评析

推进分类和资源化利用是实现农村生活垃圾长效持续治理的关键。金华市探索出"会烂""不会烂""好卖""不好卖"的"两次四分"垃圾分类方法、"垃圾不落地"的转运方法、"太阳光堆肥房"的就地资源化利用方法，以及"动员群众、依靠群众"的工作方法，并积极探索市场化运作机制，有效化解了垃圾填埋和焚烧面临的邻避效应，实现了农民可接受、财力可承受、面上可推广、长期可持续的目标。农村生活垃圾分类和资源化利用的金华模式得到了农民群众的广泛认同和社会各界的高度评价，去年11月国家住建部发文在全国推广金华农村生活垃圾分类和资源化利用经验。

"赶街"让乡村生活更美好

肖　靓

　　"网上购物好，不用城里跑""买东西上赶街，一年省下好几千"。走进遂昌绿竹环抱的乡间道路，人们视线很容易被这样的刷墙标语吸引。

　　短短几年，这个全国闻名的"淘宝县"，成功演绎了黄泥岭土鸡、农家番薯干、西山头辣椒酱等农产品跻身网络、身价倍增的神话。然而，制约农村电商发展和农民网上消费的"短板"也日益凸显：农村的相关配套服务非常欠缺，地域分散，快递无法覆盖，物流配送成本居高不下，纯粹销售产品并不赚钱。由此，从2013年开始，帮农货进城、网货下乡的遂昌"赶街网"迅速扩张壮大。

　　"让乡村生活更美好"。正如"赶街"的网站首页上显示的，"赶街"模式利用了"互联网+"的技术，承担起"消费品下乡"和"农产品进城"的渠道作用，为农民提供了就业途径，间接解决了农村空心化的问题，并通过村级赶街网店、村内微信群和站长制度，扩大了农民的"朋友圈"。

　　目前，遂昌县已经建成1个县级运营中心、229个村级电商服务站。同时，"赶街"向外输出，已在省内、省外47个县市区落地，建成超过4000个农村电子商务服务站。

让偏远地方便利购货

　　"农村赶集日，假货下乡时"，农村已经成为假冒伪劣和山寨产品的"重灾区"。有钱买不到真货、好货，成为农村群众心里的痛。

"现在农村人不缺钱。"浙江遂网电子商务有限公司副总经理潘君跃一再强调，"但是，城乡消费环境存在天壤之别。"

在城里足不出户送货到家已成为惯例，电商平台正品保障也不稀奇，农村群众对此却很少体验。他们要么等商贩拉着产品进村，要么坐车到县城集镇购买。买真货的概率取决于商贩的良心，购物成本则随距离远近和班车票价浮动。

2013年9月，"赶街"网点率先落地在离遂昌县城70多公里，坐车需要1个半小时的王村口镇。

王村口镇对正村"赶街员"陈永生在村口开了家杂货店，他介绍："买的东西多数是农资、服装和文具，我帮买家上网挑好、打款，到货了村民直接给我现金。"陈永生和村民个个熟识，当月他接下了179个网购单子。

农村是熟人社会，村民们信任熟人，喜欢抱团。一旦解决了物流等制约因素，"赶街网"的发展得以攻城拔寨也就不神秘了。

"赶街网的配送方式一般为物流公司统一送往公交车公司，由进村公交车最终送达，负责统一接收的'赶街员'逐一通知村民取货。"潘君跃告诉记者，现阶段的农村市场，最要解决的是基础设施，方便购物为先，讲求时尚那是后面的事。

搅动市场，盘活人心

分布在家门口的"赶街员"们有80后夫妻、残疾人、70岁老人，他们身份各异、年龄不同，但共同点是服务意识强，和群众关系好。

2017年4月初，记者在遂昌县三仁畲族乡坑口村赶街网点见到李雪时，她正忙着给前来购买十字绣的村民比对价格、质地，帮助他们下单购买。电脑旁边的白墙上，挂着2014年夏天马云到村里考察，和她拍的一张合影。这个一向在家带孩子的农村妇女，现在的人生具有前所未有的充实感和价值感。

和李雪一样，柘岱口乡赶街服务站的叶松旺也成了村民离不开的人。每天早上6点送孩子上学后，他就开始为村民购物提供服务，下午去农户家收集农产品，用手机拍照上传分享，与县网店协会人员联系收购。

在各地赶街网点，每天农资、服装、家电运进来，番薯干、木耳、吊瓜子、蜂蜜运出去。村民们享受着"庆贺的广场舞跳起来，时髦的网购买起来，自家的土特产卖起来"的新生活。"赶街"搅活了市场，提升了生活品质，让电商下乡的红利被村民分享。

金竹镇的朱志彬原先在村里开了一个批发部，经销日用百货。2017年1月份，朱志彬加盟"赶街"公司，正式成立了金竹赶街智慧超市。在这个超市里不仅可以买到普通超市的商品，也可以进行网上商品选购，同时还有金竹镇的农特产品展销。

"村民如果家里有富余的农特产品，他们只要把相关信息报给我，就能很快录入到公司的农产品信息数据库，有合适的买家就会很快联系过来。"朱志彬说。

"赶街"不仅仅是做买卖，网络支付、农村创业、本地生活都集聚在赶街网。水电煤缴费、话费充值、挂号、车船票代买，或者汽车时刻表查询等服务功能，把城市生活的便利带到农村。

在金竹赶街智慧超市里，电信服务产品、银行信贷、保险业务、光伏安装等系列产品一应俱全，原本村民办理这些业务都要跑到县城相关部门，有时还需要跑好几次，如今只要到这里就可以直接咨询办理。短短两个月时间不到，朱志彬已经帮助近10户村民办理了电信宽带，介绍了20多个客户办理银行信贷业务。

加速农村融入城镇

移动互联时代对城乡生活方式的颠覆，在遂昌这个"九山半水半分田"的山区县，体现出标本般的示范意义。

2014年7月21日，阿里巴巴董事局主席马云顶着酷暑到遂昌赶街网点考察。"赶街网"探索出的农村电商服务模式，让阿里巴巴的人非常感兴趣，认为其找到了帮助农村融入三四线城市和城镇的路径，可以在全国试水。

遂网电子商务有限公司市场总监白磊表示，互联技术发展得风起云涌，但是对上年纪的，最远只到过县城的村民，网购还是件天方夜谭的事。现在"赶街"能帮农村80多岁的老人在网上买县城都买不到的裤子、衣服，这听上去是不是时尚极了？

"'赶街'是个公益性的平台，是个了不起的企业，让我很感动。"马云考察后说的这句话，表达了他对"赶街"的看好。

既会高大上，又能接地气，赶街网做了许多人想做而没做成的事，而通过建设网络综合服务平台、区域运营中心、村级赶街网店、村内微信群和站长制度，赶街网在基层治理和服务中也起到了积极作用。

2017年，三仁畲族乡大觉新村李月娇的儿子在学校不小心把数学课本丢失了，跑遍了县城书店都没有找到相同的书本。情急之下，她试着到村里的赶街网点求助，网点工作人员在赶街网找到课本，让店家加急处理发货。第二天下午，快递通过赶街物流中转中心将课本送到了李月娇手上。

与三仁相邻的大柘镇，有个平均海拔880米的高山村叫车前村，当地村民利用高山资源发展乡村休闲旅游，通过"赶街"，不仅卖出了农产品，更卖出了旅游口碑。王新新是村里云闲斋民宿的经营户，看到了遂昌长粽在市场热销，她也发动村民，按照"赶街"的要求标准包起了长粽，一年卖出了5万多只，并且将包长粽作为民俗展示给游客，带动了当地旅游业的发展，让这个曾经无人问津的小村一跃成为乡村休闲的"香饽饽"。

案例评析

　　针对农村物流通道不顺现状，遂昌县成立网店协会，注册"赶街"电子商务公司，建设网络综合服务平台、区域运营中心、村级赶街网店、村内微信群和站长制度，突破信息和物流瓶颈，把电子商务延伸到了农村，有效解决了"消费品下乡"和"农产品进城"的难题。"赶街模式"还注重对农民的培训，在229个村建立电商服务站，帮助农民开设网店，为农民提供良好的创业平台。目前"赶街模式"已在省内外47个县（市、区）落地，在全国建成了4000多个农村电子商务服务站。

全球跨境电商雄起"杭州力量"

王莉莉

虽是盛夏，但中国（杭州）跨境电子商务综合试验区余杭园区内的杭州子不语网络科技有限公司，已通过大数据抓取了下一季流行元素，筹备秋冬新品。

站在杭州大力发展跨境电商的风口上，子不语通过"网上丝路"把生意做到了巴西、俄罗斯、美国等地，销售额从2013年的3000万元快速增长到2016年的7亿元。

肩负先行先试使命，中国（杭州）跨境电子商务综合试验区自2015年3月设立以来，着力推动跨境电子商务自由化、便利化、规范化发展，建设具有全球影响力的跨境电子商务创业创新中心、服务中心和大数据中心。

制度创新红利不断释放

围绕制度创新、管理创新、服务创新，两年多来，杭州综试区进行了一系列有益探索。在顶层设计方面，杭州综试区建立以"六体系两平台"为核心的顶层设计架构，即建立信息共享体系、金融服务体系、智能物流体系、电商信用体系、统计监测体系和风险防控体系，以及线上"单一窗口"平台和线下综合园区平台，实现跨境电商信息流、资金流、货物流"三流合一"。

围绕这套顶层设计，杭州综试区协同关、检、汇、税等监管部门着力攻克难点，再造适应跨境电子商务发展的制度体系，先后制定出台两批共85条制度创新清单，涉及便利化通关、检验检疫、外汇管理、税收便利化征管、数字化管理、金融及物流服务、信用管理、统计监测、风险防控、人才建设、产业园区等方面；制定跨境电子商务B2B出口业务认定标准、申报流程和便利化举措，实现电商企业"一次申报、一次查验、一次放行"，并率先实现"通关一体化"，出口货物申报时间从4小时缩短到了平均1分钟，基于"单一窗口"大数据的便利化监管服务，跨境电商单证审核比例和查验率大幅降低。

2017年7月7日，杭州安致电子商务股份有限公司享受到了"远程遥控"货物出口的便捷。通过在"单一窗口"在线提交相关货物信息进行申报，几分钟之内，货物便在杭州富阳海关顺利通关，并在宁波北仑口岸发货出口到英国的海外仓。

2017年1月到6月，杭州综试区通过"单一窗口"B2B模块实现线上通关108单，货值达到530万美元，每单的报关货值比去年高了，而且通关速度大为加快。

此外，杭州综试区还取得多个"首个"和"第一"，如建设了全国首个跨境电商商品质量安全风险国家监测中心，发布了全国首个跨境电商指数和人才标准，制定了全国首部跨境电子商务地方性法规等。2017年6月26日，中央深改组通过审议，全国首个互联网法院落户杭州，为跨境电子商务发展提供司法保障。

2016年1月6日，国务院决定将杭州综试区初步探索出的这套政策体系和管理制度向更大范围推广，成为全国样板，从"首个"向"第一"跨越转变。

以"互联网+外贸"优进优出

杭州综试区把做大做强B2B作为主攻方向，帮助企业运用互联网和大数据提升线上交易能力，加快互联网基因改造和企业品牌培育。

通过联合跨境电商龙头平台，杭州综试区先后开展了两轮专项行动，制定跨境电商品牌三年行动计划，实施首批

"百家中国品牌线上走出去"行动，联合举办专场培训、教师培训营、见习实习基地对接会，鼓励外贸企业通过跨境电商平台直达境外消费者终端，提升品牌价值。

与此同时，不断"试水"探索跨境B2C"小包出口""直邮进口""网购保税进口"等新模式，并在此基础上重点发展跨境B2B"企业进出口业务"，积极探索M2B、B2B2C、O2O等新型业态，用"互联网+外贸"实现"优进优出"，跨境电商由一种经济现象到商业模式，正成为一种新型贸易方式。

目前在杭州，从事跨境电子商务的外贸和制造企业超过6000家，跨境电商渗透率近90%，相继涌现出浙江执御、子不语、朗威贸易、安致文化创意等一批年销售额过亿元的大卖家，形成服装、家居、照明等产业集群。

2017年1月至6月，杭州实现跨境电商出口额44.57亿美元，占杭州外贸出口的20.85%。

打造最优跨境电商生态圈

跨境电商迈入发展的后半场，核心在于对生态的精耕细作，竞争点是对行业多层次需求的满足。

以大数据为核心，杭州综试区在全国率先推出的"单一窗口"信息化综合服务平台已集通关、检验检疫、退税等功能于一体，开发应用超过30种的功能模块，与阿里巴巴、敦煌网、大龙网、中国制造网等四大龙头跨境电商B2B平台及相关垂直电商平台对接，企业通过该平台可以实现一点接入、一键申报。

在线下，13个线下产业园错位发展、各显优势、协同并进，总面积共达323万平方米，建成面积189.4万平方米，入驻率超过98%，汇聚跨境电商制造生产、平台营销、风险投资、金融信保、仓储物流、综合服务等产业链企业，形成"一核一圈一带"的综试区总体发展布局。

综试区成立以来，世界跨境电商巨头纷纷来杭落户或开展合作。2017年6月，Google AdWords杭州体验中心启用，随后Google与杭州综试区签订合作备忘录；全球著名跨境电商Wish中国落户萧山经济技术开发区；亚马逊全球副总裁Michael Miller率团到访，基于已签署合作备忘录开展更深入合作……跨境巨擘来杭，成为杭州跨境电商生态圈中强劲支撑。

在引进大平台大项目的同时，杭州综试区加紧推进跨境电商产业链资源要素的汇聚。2017年，杭州综试区启动了"E揽全球"跨境电商百万创新服务行动，整合了国际国内多方资源，多渠道在全球范围内征选优质跨境电商项目。活动共征集来自全球15个国家331个创新服务项目，覆盖跨境电商生态圈中的政务服务创新、平台服务创新、渠道服务创新、技术及数据服务创新等，精准对接跨境电商企业的各项需求。

站在"一带一路"深入推进和国际贸易网络化加快发展的历史节点，杭州综试区正把握机会，推进eWTP实验区建设，加快打造国际网络贸易中心和网上丝绸之路枢纽，为新形势下全球跨境电商新规则的制定贡献"杭州力量"。

案例评析

中国（杭州）跨境电子商务综合试验区是国务院批复同意设立的第一个该类试验区。两年来，试验区注重顶层设计，以信息为基础、以信用为核心、以技术为支撑，构建了以信息共享体系、金融服务体系、智能物流体系、电商信用体系、统计监测体系和风险防控体系，以及线上单一窗口平台和线下综合园区平台为主要内容的"六体系两平台"监管服务框架，形成了一套适应跨境电商发展的管理制度和规则，有效破解了跨境电商发展面临的深层次矛盾和体制性难题，实现了跨境电商的信息流、资金流和货物流三流合一，并在全国新一批跨境电商综合试验区复制推广。

金融风险处置的"温州解法"

李 尖 银 信

金融风险处置是温州金改中的重头戏和最困难的"战役"。2017年，温州经济运行筑底回升，金融风险化解回稳，向好态势基本明晰。温州银行业不良率下降至3%以下，实现连续三年"双降"，这意味着温州率先实现从"风险先发"到"化解突围"的转变，信用风险防控取得了阶段性成果。

经过五年多的摸索前行，温州银监分局在银行业组织体系建设、不良贷款处置、服务实体经济等地方金融体制机制创新方面取得了一些可复制、可推广的经验，形成金融服务实体经济，尤其是支持小微企业的"温州样板"。

温州信用风险率先突围
不良化解开出"特效药"

从"风险先发"到"率先突围"，温州金融风波的处置工作已经过了六个年头。温州银监分局的一份数据显示：经过五年的处置，全市不良贷款"见顶回落"趋势已经形成，2011年9月以来，温州已成功处置不良贷款1600多亿元，处置额约占全省的三分之一。截至2017年2月末，全市银行业不良贷款率降至2.67%，比2014年4月的历史峰值下降了2.02个百分点。随着转型升级步伐的加快以及不良贷款的加速处理，银行业扭亏为盈。2016年全市银行业累计实现净利润88.07亿元，增长244.67%，2017年继续延续增长态势。

在温州市银监分局局长赵秀乐看来，不良贷款上升势头的有效遏制，表明温州通过做好"增信、防险、化险"促进新常态下信用风险化解,取得了阶段性的成果。同时,也释放出实体经济基本面逐渐向好、金融生态环境渐趋良性的信号。

(一)"活血化瘀",同进共退促风险链化解

化解担保圈风险,各个银行都有自己的政策和利益诉求。为防止各银行思想难统一,行动不一致而争先向优质企业下手,进而使区域实体经济遭受打击。温州银监分局与辖内银行业机构、地方党政、政法部门形成合力,促成银行业金融机构达成风险企业帮扶和银行不良贷款处置同进共退协议,力争在处置过程中扮演一致行动人的角色。截至2017年3月,累计协调处置1860起资金链、担保链风险,帮扶困难企业1300多家,延缓或化解风险贷款近1000亿元。

银行债权纠纷诉调机制改革试点,也为有效缩短裁定周期、降低费用、提升帮扶效率提供了有益的尝试。2016年9月至2017年3月,共收到诉调案件46件、涉案金额1925万元。今年,将进一步加强与温州市法院沟通和协调,争取将单件诉调最高金额由100万元提增至300万元、试点区域由温州市鹿城区扩展至其他县(市、区)。可以预见,诉调对接机制将在不良处置、"两链"化解中发挥更大的作用。

(二)"对症下药",联合惩戒重塑诚信体系

温州区域性金融风波之后,数量上升、手段翻新的逃废债行为,已经成为各家银行不良资产处置面临的新课题。

温州银监分局创新提出"温州版"4大类12小类逃废债行为认定和惩戒标准,并协同地方政府开展8批次"构建诚信、惩戒失信"专项打击行动,累计惩戒失信企业或个人294个,录入失信人信息近18万条,逐步打造"一处失信、处处受限"的惩戒格局。

同时纵向整合出击,全省率先出台《温州银行业"金融服务惩戒"实施方案》,召开银行业联合惩戒动员大会,推广十大分类惩戒措施。并以点带面深化打击,开展信用卡恶意透支专项整治。截至2017年3月累计发出警示函101份,涉及欠款金额8.8亿元。累计6批次上报信用卡恶意透支打击对象300户、重点打击164户,其中公安局立案37户,成效显著。

（三）"固本培元"，源头治理推动供给侧改革

为进一步防控多头授信、过度授信、过度担保，温州银监分局组织对辖内银行业机构有授信且注册地在温州市企业，全面实施联合授信管理。根据"集团企业联合授信银行机构不超过8家、大中型企业不超过5家、小微企业不超过3家"的规定，简单而有效地规避"企业过度融资、银行机构过度授信"的风险隐患。

为防范和化解金融风险，解决银企政信息沟通不畅的问题，2016年2月温州启动了"债权人委员会制度"。在债委会制度基础上，温州还推出"债权人委员会制度+授信总额联合管理机制"的风险防控化解模式。温州银监分局人士表示，两者的结合一方面能够积极发挥联合授信管理机制在正常企业授信过程中的约束和引导，另一方面突出债委会在企业出险后金融债权维护和协同帮扶的作用，构建起风险全流程防控体系。

信贷管理机制创新
有序推进企业信贷"去杠杆"

2011年下半年的区域性金融风波给温州银行业造成了上千亿损失，也让一度"亢奋"经营、对不良率控制引以为傲的温州银行业尝到了苦果。这一局面，迫切需要对企业授信总额加以联合管理。

痛定思痛，2013年9月，温州银监分局结合辖内实际，率全省之先推出授信总额联合管理机制。有序推进企业信贷"去杠杆"，并实现了对全市授信企业的"零起点"和"全覆盖"。目前，这一改革成果被全省推广。

（一）机制出台剑指乱象

曾经，大型企业是银行信贷的"香饽饽"，有一家温州企业甚至获得了20家银行的授信，而这，就容易引发信贷风险和滋生不良贷款。授信总额联合管理机制的出台，正是剑指"20家银行授信1家企业"这种乱象。

所谓授信总额联合管理机制，是根据银行对企业的授信情况，确定1家银行作为

授信主办行，牵头组织各授信银行，测算、核定银行对企业的授信总额及企业的对外担保总额。各授信银行在授信总额内对企业进行授信管理，引导企业合理控制对外融资担保总额，实现银企互动、共控风险。实施企业的范围是指授信总额或拟授信总额在1亿元以上（含）且授信银行在2家（含）以上的企业，如果企业只有1家授信银行，该银行自然担任主办行。

其核心在于"总额控制、联合管理、共控风险"。总额控制，要求科学测算企业融资需求总量，并根据企业实际经营情况调整和控制授信总额；联合管理，要体现银行间授信信息的透明、共享、互通；共控风险，引导企业科学合理融资，强调对风险企业的"同进共退"，银企共同维护良好的社会信用环境。

（二）多措并举去杠杆

2013年10月，浙江银监局将温州列为授信总额联合管理机制试点地区之一。在实施授信总额联合管理机制的路上，温州银监分局走出了一条可复制的"温州模式"。

授信总额联合管理机制防控对象是银行存量的授信企业和新增的授信企业，其中重点是存量授信企业中已经处于过度融资和过度担保的授信企业。对分类企业进行区别对待，重点推进过度融资和过度担保授信企业的去杠杆。

对于总额管理，温州银监分局创新推出"358"授信要求，即"小微型企业授信银行不超过3家，大中型企业授信银行不超过5家，集团客户授信银行不超过8家"。"对于去杠杆，复杂的问题要简单做，即数量控制。"温州银监分局副局长周青冥说道。这就从制度上防控多头、过渡授信。

此外，主办行牵头，以总额共同测算、风险协同化解、违约联合制裁，推进银行间授信管理和风险"同进共退"。温州银监分局还率先自主开发了"授信总额联合管理系统"，建立自动化监测和指标预警机制，实现银行间授信、用信、担保等信息线上实时查询。

（三）重塑信贷文化

在各方共同努力下，银行间授信模式实现了从"背靠背"到"面对面"的转变，发放贷款不再只单纯注重抵押和担保，而是将企业现有融资总额和对外担保总额作为重要刚性指标，合理授信。

银企关系也从传统的单一"借贷关系"向着"共赢合作"转变，银企关系更加稳定，企业利用银行间信息不对称而过度获得信贷资金的行为有所抑制，间接削弱了企业盲目扩张和对外投资行为。

多头授信和过度授信得到有效控制。截至2016年末，全市纳入授信总额联合管理的存量企业近1.97万户，授信总额合计5391.81亿元，较实施前减少588.93亿元，下降了9.84％。全市涉及3家、5家以上银行授信的企业数分别较2013年初下降了76.43％、83.3％，其中，因实施授信总额联合管理机制，授信银行家数下降的企业数分别占56.3％和70.4％。温州授信企业的平均授信银行数从2013年末的1.7家下降到1.21家，平均担保企业数从2013年末的0.9家下降到0.67家。

银行对温州的信心进一步增强。根据46家银行机构2017年3月的问卷调查，全市银行业对温州经济发展"保持乐观"的比率达到89％，较2016年上半年提高31个百分点，银行业的信心指数持续上升。

大力丰富金融业态
全面推进金融服务

2017年3月28日是温州金改五周年，温州民商银行也迎来了成立2周年的纪念日。作为中国首批试点的民营银行，温州民商银行不仅为温州银行业又添一支新军，其激起的"鲶鱼效应"也让温州银行业机构愈发"枝繁叶茂"。

站在历史的转折点上，温州银行业要如何面对新的冲击？推改革谋布局，近五年来，温州银监分局积极争取上级银监部门政策支持，主动对接地方政府及相关部门，围绕破解"两多两难"的改革导向，深化改革创新，培育比较优势，把握主动、分类推进，引导推动辖内银行业金融机构参与改革，助推金融与实体经济互利共赢，取得了阶段性成效。

温州银监分局的最新数据显示，近几年温州银行业规模逐渐扩大。到2017年2月末，全市银行业资产总额达13928亿元，居全省第三，温州成为浙江省银行业金融机构种类最齐全、网点数量最多的地市之一。

（一）引导民资"跑步入场"银行业

作为温州金改的重头戏，温州民商银行不仅承载着温州民营企业多年的金融梦想，也被赋予更多期待：释放民间资金活力、破解小微企业融资难题。温州银监分局大力争取政策支持，积极协调各方，督促民营银行筹建工作组抓质量、打基础、赶进度，为银监会制订准入标准提供了参考。温州民商银行于2015年3月26日正式开业，成为全国首家正式面向公众营业的民营银行，实现了温州民间资本、民营企业梦寐以求的"银行梦"。

"我们的目标群就是小微企业。" 针对民商银行初创期的困难，温州银监分局指导推出信贷客户结构管理五年规划和"三带"模式。原本被金融机构拒之门外的小微企业成了"座上宾"：创业园、商圈、产业链三带批量授信扶持小微企业；带有浓厚温州色彩的旺商贷、商人贷和益商贷相继推出，为不同小微企业主量身提供融资。2017年2月末，温州民商银行资产总额92亿元，各项存贷款余额分别为67亿元和25亿元，在首批5家试点民营银行中率先实现盈利，也获得了银监会"经营稳健、定位清晰"的肯定。

同时，温州银监分局推动民资积极参与地方法人机构体制改革，极大丰富了民间资本投资渠道。数据显示，2017年2月末辖内相关法人机构已吸收民资超150亿元，其中温州11家农合机构民资股本占比逾99%，8家村镇银行民资占比达40%，占全市金融业吸收民资总额的六成多。支持国内首家地市级资产管理公司于去年落户温州，大力推动设立正泰集团财务公司，极大丰富了温州金融业态。

（二）助力打造银行业"总部经济"

走出去，是"温州系"村镇银行肩负的重任。"温州系"村镇银行搭建了金融桥梁对接"温州经济"和"温州人经济"，在积极支持各地金融发展的同时，也拓展了自身的发展空间，为"温州人经济"的互动发展起到了促进作用。

借温州金改东风，"温州系"村镇银行的版图在持续扩大。截至2016年末，温州4家农商银行在外设立的"温州系"村镇银行已对外开业48家，另外23家或在获批开业，或在筹建，主要分布于贵州、江西、河北、浙江、福建、陕西、上海等地。

温州银监分局人士表示，设立村镇银行，不但实现了多元化经营，而且将温州"支农支小"的先进金融技术带到中西部等欠发达地区，改善了当地金融资源供给和普惠服务。同时，实现"总部经济"效益明显，通过存放同业、信贷资产转让、理财代销等方式，加强温州主发起行与村镇银行的业务互动，创造了新的收入增长点。

（三）金融服务打通"最后一公里"

温州经济总量位居浙江省第三位，不过地区发展差距较大。金融机构空白乡镇数量占全省一半以上，是全省解决空白乡镇网点与金融服务全覆盖任务最重的地区。一些农民要步行几公里才能办理存、取款，打通金融服务"最后一公里"极为迫切。

国务院布置给温州的金改12项任务中要求，创新发展面向小微企业和"三农"的金融产品与服务，探索建立多层次金融服务体系，鼓励温州辖区内各银行机构加大对小微企业的信贷支持。

金改以来，温州银监分局在实现金融网点空白乡镇全覆盖的基础上，深入推进金融服务进村入社区工程，支持设立社区银行87家、村级助农取款服务点2700多个，开办移动终端和流动服务车业务，着力打通村级金融"最后一公里"，现在"村村通"覆盖率升至94.45%，让广大群众在家门口就能享受到金融服务。

金改以来，银监引导银行机构大力推进小微企业贷款还款方式创新，指导银行业推出"分段式""增信式""循环式"和"年审制"等4大类、96个创新产品。截至2016年末，全市银行业累计支持小微企业26.56万户，累计转贷2545.9亿元。2016年以来还扩大了适用范围，试点对中型企业推进还款方式创新。

小微专营支行是温州银监分局为破解小微融资难而设立的专营机构。自2012年以来，温州银监分局积极鼓励中小商业银行为小微企业提供专业、便捷、贴心的金融服务，满足小微企业差异化的需求，大力支持小微企业专营机构建设，优化网点布局，推进功能升级。截至2017年2月末，已成立51家小微企业专营支行，机构数全省最多。

案例评析

　　为防范企业"两链"风险、化解银行不良资产，温州市按照"企业担一点、银行让一点、政府帮一点、司法快一点"的思路，创新出台了一系列企业金融风险处置政策和措施：以企业分类帮扶处置为抓手，推进企业有序释放金融风险；以银行不良贷款控新化旧为渠道，推进优化改善金融生态环境；以企业司法处置为平台，推进"僵尸"企业实现市场出清；以"构建诚信、惩戒失信"专项行动为载体，推进社会信用体系建设。实施以来共处置银行不良贷款1300多亿元，受益企业4000多家，全市银行不良贷款余额和不良贷款率连续两年实现"双降"。温州企业金融风险处置的实践，为出清"僵尸企业"、防范金融风险积累了经验，也拓展了银行业金融机构化解不良贷款的方法和途径，在全国具有一定的可复制性。

"互联网+"医疗的宁波实践

陈　敏　陈　琼　翁可为

解决"看病难"一直是医改的工作重点之一，同时随着经济发展，人民生活水平提升，老百姓对健康医疗的要求也在不断提高。如何调节公众对健康医疗的高要求和优质医疗卫生资源短缺之间的矛盾，成为健康医疗领域的一大难题。2014年9月，宁波市在全国率先启动"云医院"建设，探索和实践"互联网+"精准医疗，利用信息化与移动互联网的先进技术和理念来解这一难题。

2015年3月11日，宁波"云医院"正式启动上线运营，7月26日"云医院"线下实体机构正式揭牌开业，"云医院"O2O线上线下协同平台全面贯通。"政府主导建设""区域化布局""O2O服务"的"宁波模式"，成为我国互联网医疗发展的一面旗帜。

足不出户看云医，不出社区看名医

2016年8月25日下午3时，家住黄鹂社区的盛老伯按预约时间早早候在江东区白鹤街道社区卫生服务中心云诊室内。当电脑屏幕上出现李惠利医院神经内科主任医生汪咏秋时，盛师傅激动地问道："汪医生，我出院以后，一直感觉头晕，一天到晚想睡觉，该怎么办？"前段时间，盛老伯因突发性耳聋入住李惠利医院治疗，可出院后患上了头晕症，他的家庭医生谢聪儿便帮他预约了李惠利医院的汪咏秋。"是怎么个晕法？你现在还在服用什么药？"……汪咏秋在线诊疗了大约半小时后，盛老伯满意地道了声再见。

通过一年多的建设，宁波"云医院"搭建了"在线医疗服务平台""协同医疗服务平台""健康管理服务平台"等三大平台。同上面这位盛老伯一样，越来越多的宁波人开始享受"互联网＋"医疗带来的便利。

在明楼街道社区卫生服务中心云诊室内，家住常青藤小区的退休职工龚阿姨正在接受宁波一院林医生的在线诊疗。记者注意到，云诊室不是简单的QQ视频，两个电脑屏幕"各司其职"，一个可视，一个实时传输图文资料，上级医生随时调阅社区服务中心的HIS系统信息，就像面对面的诊疗。龚阿姨对这次云医院诊疗非常满意，"小小两块电脑屏幕拉近了阿拉老百姓跟三级甲等医院医生的距离，不用挤大医院，在家门口看病就能得到同样的服务，实惠又方便。"

不仅在家门口就能看上一号难求的大医院名医，"云医院"还让宁波人在家里就能看上医生。

这不，白鹤街道社区卫生服务中心黄熊熊医生的手机传出了"滴滴"声，这是云医的咨询通知。黄医生马上点开云医院APP的咨询页面。一位母亲问："黄医生，最近宝宝手上长了几个水疱，请问是不是手足口病？"黄医生仔细询问了一番，还细致地观察了她传来的宝宝照片中的皮疹情况后，回复道："初步诊断是由于蚊虫叮咬引起的过敏性皮疹……"一个多小时后，该母亲给黄医生发来了信息：黄医生，您开的药物收到，已经给宝宝抹过了，非常感谢！"

在业内人士看来，"云医院"犹如互联网上医疗健康领域的"天猫商城"。市民在"云医院"门户完成实名注册后，可通过选择医生和购买服务等方式享受健康咨询、预诊导诊等服务。一些慢性病患者如果只是简单咨询、配药，在家里动动手指就可以完成就诊了。

基层社区卫生服务机构以家庭医生签约服务为切入点，将签约居民从线下服务自动延伸到线上服务。签约患者可通过"云医院"平台与"云医生"随时交流，进行复诊。"云医生"通过"云医院"HIS系统开具处方，提供药品配送上门服务。据统计，"云医院"至今已完成药品配送服务4800多人次，都是自费病人。

2016年4月，宁波市开展基于"云医院"平台的远程医疗服务体系建设，在二甲以上医院建设远程医疗服务中心，在社区卫生服务中心（站）建设基层云诊室，采取远程医疗服务流程和网上医联体的服务模式，开展大医院面向基层的远程医疗服务，促进形成基层首诊、分级诊疗、双向转诊的就医新格局。

2016年5月起，宁波市"云医院"以高血压、糖尿病为主要切入点，推出智能血压仪、血糖仪，持续收集患者血压、血糖等数据，并将数据发送到用户移动设备上，同时上传云端的医疗保健数据库中。责任医生在第一时间了解患者情况，及时进行慢性病干预，确保慢性病管理精准和有效，体现了慢性病全程精细化管理新趋势。目前，该项目受益人数685人，血压监测27400人次。

记者在采访中了解到，截至2016年9月全市已建成远程医疗服务中心15家，开设高血压、糖尿病、心理咨询等在线诊疗云诊室24个；建成基层云诊室108个，其中江东区、江北区分别建成32个和34个云诊室，双双实现基层云诊室全覆盖；签约的专科、家庭医生千余名。这让宁波市民"足不出户看云医，不出社区看名医"成为可能。

升级"云医院"，重构宁波医疗生态

什么是"云医院"？为什么要建"云医院"？

时任宁波市卫计委党委书记、主任王仁元介绍，云医院是利用云计算、物联网、移动互联网以及传感器技术、大数据技术实现健康教育、健康干预、网上诊疗等功能的远程医疗服务与协同平台。

"大医院人满为患，社区医院门可罗雀"，这是对我国医疗现状的真实写照。为解决这一痼疾，国家提出要推进分级诊疗，实现"基层首诊、双向转诊、急慢分治、上下联动"的医疗新生态。业内人士普遍认为，只有让"淤积"在大医院系统中的常见病及慢性病人"流动"到基层医院中，才是解决目前中国医疗系统供需矛盾的关键。而要实现这一目标的一个很现实的问题就是如何来强基层，把老百姓主动吸引到基层医疗机构。

王仁元表示，互联网医疗最大的特点便是智能化、连接性和体验性，这些正好能解决当前医疗卫生存在的"痛点"。"我们着手打造的宁波'云医院'便是一个协同医院，能把基层医院和大医院连接起来，有望将小病及慢性病引流到基层医院中去，释放医疗活力。"

据了解，宁波的"云医院"实行的是线上线下协同的服务模式，目前主要提供两种特色医疗服务。一种是在线诊疗。由于网上诊疗有一定的局限性，在线诊疗主要针对诊断比较明确的慢性病患者，比如说糖尿病、高血压、术后康复等，而且必须是云医生在线下门诊接诊过的复诊病人。患者可以在网上与医生预约看病的时间，在约定的时间，医生通过网上视频或者电话给患者看病，看完病之后患者可以在线上通过电子处方下单，服务商会送药上门。

另外一种服务称作"远程协同门诊"。患者在社区医院向家庭医生提出要求，家庭医生经过诊断觉得有必要，就会帮助患者预约在云医院排班的大医院专家，患者按照约定的时间到社区云诊室，在家庭医生支持下看远程门诊。大医院的专家结合对患者的视频问诊，向家庭医生了解患者疾病、检查和用药情况，来对患者进行指导，出具书面的诊疗建议，帮助家庭医生后续治疗。

"宁波'云医院'的建设和运营，一方面是放大医疗资源，尤其是优质医疗资源的供给，另一方面也是对现有医疗卫生服务体系和就医模式的重构，有利于提高社区医生的服务能力，促进分级诊疗，从而助推医改。"王仁元分析说，2015年宁波市各大医院的门诊量在7100余万人次，平均每人每年看病10次左右，这其中30%是慢性病人，而慢性病人中的一半病情稳定，如果这一半病情稳定的慢性病人，可以通过"云医院"将看病"移动"到网上，这不仅对形成基层首诊、急慢分治、上下联动的格局大有裨益，而且还将很大程度上为大医院减负，以便大医院腾出更多的时间与精力来研究解决疑难杂症。

据了解，在江东区作为试点的基础上，截至2016年9月，宁波全市已开始全面推进"云医院"建设。不过，目前在"云医院"注册的市民数量并不算多，据统计，注册人数为3万余人。有关人士分析说，作为一种改革新事物，"云医院"在发展的过程中不可避免地面临着一些困难。

管理精细化，提供全方位、全周期服务

从采访来看，宁波"云医院"的发展目前主要面临着几大问题：

其一是法律法规问题。目前的《医疗机构管理办法》和《执业医师法》对"云医院"还没有相关规定。

其二是医疗安全有待规范。采访中，有业内人士坦言，目前云医院的业务量还不大，还没有出现医疗安全问题，但是随着业务量的增大，如何规范网上医疗确保医疗安全，也成为需要解决的问题。

其三是配套政策还未跟上。一个是医保互联网支付还未开通。记者在采访中就碰到一位老伯，医生通过"云医院"为他诊疗并开了处方，可因为网上不能进行医保支付，他只能再次到实体医院开处方配药。医生告诉记者，这样的情况还不少。据了解，目前上"云医院"看病的主要是自费病人。另外，现有的"干多干少一个样"的医生绩效工资分配制度在一定程度上影响了医生的工作积极性。有关人士指出，若没有相关配套政策的支持，"云医院"很难得到健康持续的发展。

此外，互联网医疗增加了医疗业务管理的难度。

不过，在王仁元看来，发展"云医院"，这是当前"互联网＋"环境下的必然趋势，新一代信息技术与医疗的融合发展已经势不可当，必然会对传统的医疗行业产生重构，改变现有的医疗服务模式和传统医疗格局。

据了解，"云医院"建设中遭遇的困难已经引起相关部门的重视。2016年9月，宁波作为浙江省的试点城市，医保互联网支付将跟"云医院"进行技术对接，预计今年底或明年初试行医保互联网支付。而市卫计委也正在制订和出台政策，以规范网上医疗，改革医生绩效工资分配制度。

据了解，宁波"云医院"还在抓紧筹划利用健康医疗大数据为签约居民定制一

份属于自己的健康评估报告，帮助老百姓开展个性化、精准化的健康管理。

除了线上诊疗和远程医疗服务，宁波"云医院"的业务还将涉及健康管理领域，一款面向孕产妇和0至6岁儿童的健康管理APP"孕＋"和提供网约式家庭护理服务APP"护＋"也将在近期上线。

"未来的'云医院'将成为集在线诊疗、预约诊疗、健康管理、健康大数据应用、健康产业协同等多项功能于一体的公共开放服务平台。"按照王仁元的构想，"宁波'云医院'将以人口健康信息互联共享为基础，为老百姓提供全方位、全周期的健康医疗服务。"

案例评析

宁波在全市所有二级甲等及以上医疗机构建设远程医疗服务中心，在二级乙等及以下基层医疗卫生服务机构建设200个基层云诊室，统一利用宁波云医院信息平台建设"网上医联体"，大力开展"互联网＋"医疗健康服务。这一做法坚持问题导向，突出了"政府主导"和"区域联动"，保证了"互联网＋"医疗健康服务的方向正确；坚持了窗口、平台、标准和服务的"四统一"，保证了远程医疗的服务质量；坚持了区域业务协同和线下线上协同，提升了医疗服务的整体质量和效率，构建起方便快捷、公平普惠、优质高效的医疗服务体系，初步实现"足不出户看云医，不出社区看名医"的目标。

合作种田效益好

任迎春　汪锦秀　倪聪耕

平湖创新发展"新仓经验"，开展"三位一体"农合联改革，基本形成以生产合作为基础、供销合作为带动、信用合作为支撑的农村新型合作体系，农业生产服务更加组织化、社会化。

1955年，毛泽东同志对《中国农村的社会主义高潮》书中摘录的《平湖县新仓乡订立结合合同的经验》一文做出重要批示："本书谈这个问题的只有这一篇，供销合作社和农业生产合作社订立结合合同一事，应当普遍推行。""新仓经验"由此诞生，形成了生产合作、供销合作、信用合作"三位一体"的雏形。

2006年，时任浙江省委书记习近平指出："以供销合作社、信用合作社、专业合作社的联合而构成的'三位一体'的农业综合服务平台，是目前我国发展农村合作经济的一种新的形式，是代表现代农业发展方向的一个新生事物。"

可以说，"三位一体"改革由习近平同志亲自点题、亲自破题，是"新仓经验"在新时期的新发展、新创造。

2015年，平湖市成为全省"三位一体"农民合作经济组织体系改革的试点。截至2017年6月，平湖创新发展"新仓经验"，全方位推进新型合作，基本形成以生产合作为基础、供销合作为带动、信用合作为支撑的农村新型合作体系，农业生产服务更加组织化、社会化。

2016年，全市农民人均可支配收入达到29028元，城乡居民收入比缩小至1.71∶1，统筹城乡发展水平持续走在全省前列。

从虚设到实体化运作
保障做到家

春末夏初，新仓镇石路村银丰果蔬专业合作社的葡萄基地开始挂果。

"2016年我一直为缺资金扩大合作社犯愁。2017年在镇农合联担保下，我从平湖农商银行低息贷到20万元，将葡萄园面积再扩大了50亩。"合作社负责人廖帮银说："联合的力量就是强大。"

新仓镇农合联，又称为农综合服务中心，是连接全镇农户、各农业主体的核心。这里不仅提供生产、供销、信用三大基本服务，还为城乡居民提供相关的综合服务。中心下设的新仓镇创新资金互助会成立不到两年时间，已面向农业主体和个人发放贷款71笔，共1068万元。

目前，平湖市镇两级实现农合联组织全覆盖，到2016年底，已吸收涉农服务单位、农业生产经营主体477个。

为推进农合联实体化运作，更好地服务"三农"，平湖市农合联增设生产、供销、信用三大合作部，整合重组了相关职能，规划重组镇级供销社，对上成立合作社有限公司，对下与村级农业专业合作社组建"庄稼医院"、农资连锁超市、金融互助社等机构，打造镇村专业化"小微"服务节点，实现本地主要农产品生产、储运、销售、结算等服务的"无缝"衔接。

"农合联实体化运作的关键在于站在农民的角度，通过有效的载体，把农民组织起来，抱团发展，实现资源共享，利益共享。"平湖市供销合作社主任、市农合联执行委员会主任朱浩说。

从产销到全要素合作
服务更贴心

2017年，蒋菊英老人在三叉河村管理着11亩田地，三个儿子外出工作，无法照看土地。"别看我年纪大，靠种地我一年也有六七万元收入。"蒋菊英说，现在加入农合联，种地很容易，农民负责种和摘，合作社帮助治虫、销售。

新埭镇种粮大户黄建峰管理着3800亩良田。他说："看似我一个人在种田，其实背后有新联粮油专业合作社和飞农粮油专业合作社联合社的支持。"

黄建峰是这两个社的成员。新联粮油合作社为他提供播种、收割服务；飞农粮油则负责稻谷生长阶段的统防统治。

平湖市农办主任、农经局局长邱志根说，提供全要素的社会化服务，让农业生产分工更加专业细化，各有所长，这是"三位一体"改革的最大亮点。

农业经营规模需要大量的流动资金。平湖探索合作社内部金融互助模式，组建了浙江省首家由供销社参股领办的资金互助合作社——新当湖农村资金互助社，为社员提供存贷款及结算服务，并实行社员、服务、资金的"三封闭"运行，累计发放贷款1044笔，近1.65亿元，受惠231户。

镇级层面，依托农合联建立5家农村资金互助会，共吸收会员489个，吸收入会金624.5万元，担保规模可达6200余万元，有效缓解了社员贷款难、担保更难的问题。同时，开办十余个涉农险种，累计投保120万户人次，投保额105亿元。

平湖还构建促农合作的农资供应、流通营销和信息服务大平台，实现全市统一的社会化服务，让农业主体对接便利，合作紧密。

如平湖供销、国资等部门联合组建的平湖丰达农资连锁有限公司，整合全市"小农资店"，设立了遍布各地的农资经销网点，实行"统一进货、统一配送、统一价格、统一服务、统一标识、统一培训"管理。

这些连接着龙头企业、农民专业合作社、家庭农场、农户的农资网络，为各主体之间联合、合作发挥了主渠道作用。

从松散到紧密型合作
抱团奔前程

在平湖，农业正越做越大，体量大的农业主体越来越多，土地、农资、农机、资金、雇佣劳动力等资源要素瓶颈问题也日益突出。劳务合作社、农资合作社、资金互助社等一批解决要素瓶颈的专业合作社应运而生，与原有的农业专业合作社紧密合作。

平湖新埭镇在2010年将全镇涉农资源整合成一个实体：新联实业有限公司，之后又联合镇农技、供销等涉农部门参股组建了新联粮油、新联苗木和新埭农资等生产专业合作社，培育壮大农业社会化服务。

新联粮油专业合作社理事长顾春妹说："我们合作社资产雄厚，拥有200多台各类机器设备，统防统治土地面积2.2万亩。专业的农技植保技术人员为全镇服务。"

依托农合联，最新农业技术在平湖予以推广和应用。

平湖市农合联下属的飞农粮油专业合作社联合社，购进7台无人机，专业提供无人机植保作业。2017年一季度，该社无人机为2000多亩小麦赤霉病防治提供了施药作业，相当于去年一年的总和。"我们的服务范围已扩大到嘉兴全市。今年计划作业3万亩以上。"联合社理事长顾国强说。

利用信息化，平湖市农合联把为农服务的网络扩张到全市域，服务时间全天候。建立村级综合服务社99家，为农户提供"定制化"服务；建立首家"12316"为农服务信息中心（智慧农资平台），通过电话、广播、网站、手机APP等发布"三农"服务信息，并解决相关求助问题；建立"省级云呼叫中心+专家移动终端"的线上庄稼医院远程视频诊断系统。

如今，平湖农民种田越来越轻松：一个人轻松管理上千亩土地；打电话就有专业技术服务上门，缺抵押物也可申请贷款，甚至还有专业人员为农民卖农产品……联合起来，专业分工，农业大有希望。

案例评析

生产合作、供销合作、信用合作"三位一体"改革，是习总书记亲自点题的农业改革。平湖市积极创新发展"新仓经验"，引入资本、技术、人才等要素，在全国率先组建了规模更大、覆盖更广、层次更高的农民合作经济组织——农合联，建立全省首个"12316"为农服务平台，初步建立了以公共服务机构为依托、以合作组织为基础、以龙头企业和专业服务公司为骨干、其他社会组织为补充的新型农业社会化服务体系，基本形成了以生产合作为基础、供销合作为带动、信用合作为支撑的"三位一体"农村新型合作体系，有效提升了"三农"服务效能，也为全国农村土地制度、产权制度、金融制度、公共服务制度和农业经营体制等破题提供了有益探索。

"多规合一" 满盘活

吴　超　姚海滨

开化是浙江率先展开"多规合一"探索的县域，也是全国28个试点地区（2014年）之一，在2016年还获得了习近平总书记的"点赞"。

自2015年以来，开化县以"多规合一"试点为契机，"先布棋盘、后落棋子"，在科学划定"三区三线"的基础上，在生态、农业、建设空间分别推进生态保护、农业（村）发展、城镇建设，城乡发展格局、生态环境、发展方式都发生了很大改变，可以说是"'多规合一'满盘活"。

通过"多规合一"改革，开化县加快国家公园建设，生态空间由50.8%提高到80.3%，2016年生态指标位居全省前列。2016年，全县接待游客、旅游收入分别比上年增长22.8%和25.6%。

规划契合
助推城乡更融合

"多规合一"试点前，县级政府层面各部门的各类规划存在自成体系、内容冲突、缺乏有效衔接等问题，导致规划实施项目难落地、空间难管控。

开化县天同养生小镇项目选址同时符合土地利用规划和城市总体规划，但其用地范围在环保部门确定的自然生态红线区内，为避免破坏生态环境，项目被及时刹车。

华埠镇东部养生谷项目因各部门的专项规划对项目所在的建设用地属性不一，规划之间打架，导致整个项目推进缓慢。

开化"多规合一"改革后，"一张蓝图"和"一本规划"理顺了原有专项规划间的矛盾，有效解决了原先空间规划之间打架的问题。

有关部门资料显示，"多规合一"改革试点以来共处置空间布局差异建设用地266公顷，消除林地与耕地冲突图斑1473公顷。

同时，开化还建立投资项目空间预审机制，搭建"多规合一"信息平台，只要将项目红线导入系统，就能自动进行空间预审，是否与规划冲突、是否与管控原则相悖等分析结果一目了然，极大地优化了项目决策流程，解决了以往要通过跑多部门来了解项目地块信息的弊端。

"多规合一"改革还推动构建了内捷外畅的开化城乡交通格局。

杭新景高速公路在最初交通选线时，运用"多规合一"红线管控原则，严格避让了生态保护红线和永久基本农田红线，推进了公路项目的快速选址。依托"多规合一"的空间规划布局，杭新景高速开化段规划设计了开化南、池淮、杨林、林山、银岭关5个收费出口，直接串连起开化的三大乡镇，打通了县域内的交通"任督二脉"。

"多规合一"也为开化的综合交通基础设施建设消除了规划建设矛盾图斑，以公路为主、铁路为辅的"两高一铁"(黄衢南高速、杭新景高速、九景衢铁路)立体交通网络正在顺利快速地推进建设。

生态定位
绘就美丽"好地方"

开化县杨林镇地处浙赣交界处，在"多规合一"之前，由于规划定位不清晰和干部群众环境保护的观念淡薄，集镇建设存在失序的情况，街道上违章的建筑、雨棚、商铺店招、户外广告牌等屡禁不止。

《浙江省主体功能区规划》明确开化县是省级重点生态功能区，特别是在开化明确作为国家级"多规合一"试点后，杨林镇机关干部和群众的生态保护观念增强，镇政府通过综合整治彻底扭转了原先的"脏乱差"局面，清理并改造了集镇的步行道，统一了70多家商铺店招。

在原有集镇建设的基础上，杨林镇围绕"洁、绿、靓、美、序"主题，突出"小镇+"概念，融入了生态、历史、文化、民俗等特色元素，现在集镇主干道干净整洁且带有古关隘元素的新设计完全替代了之前的"乱象"。

沿街商户们说："街道、商铺重新这么一打造，这里变得跟景点一样，环境更好了，人气也更旺了。"

如今，"多规合一"既是镇机关干部推进生态发展绿色发展的有力抓手，也是加强生态环境和资源保护的"紧箍咒"。

"多规合一"的生态空间管控、钱江源国家公园体制试点等一系列政策举措都严格禁止破坏生态环境的开发行为，强调对现有存量资源的保护与提升。杨林镇大力开展美丽庭院、美丽乡村和美丽小镇建设，鼓励结合庭院实际开展"农趣庭院"创意设计，成功跻身首批小城镇环境综合整治省级样板，正在逐渐成为习总书记称赞的美丽"好地方"。

分区管控
逼出转型新路子

音坑乡姚家村的砖窑厂运营了近30年，过去由于规划的空间约束性不强，造成规划随着项目走，出现了一批高耗能高排放的乡镇企业。

在"多规合一"统一了各类规划期限、功能分区和土地分类等技术指标之后，开化县明确了农业空间不适宜发展高排放、高污染行业。姚家村的砖窑厂就是开化

县政府一票否决的工业企业之一。

　　"砖窑厂是开不下去了"。原砖窑厂负责人受到附近村子发展生态休闲旅游的启发，在2015年注册了"红窑里"旅游发展有限公司，并请中国美院专家等参与规划、设计和建设老砖窑，保留原始红砖建设风格，将每个窑洞都设计成一个独立房间，并配备咖啡厅、主题餐厅、酒窖等，现在已是一个风格独特、古朴中透着时代感的窑文化主题创意民宿。

　　"红窑里"从2016年国庆开业至今，不仅生意好，更是远近闻名的一处特色景观。开业的几个月内，每月营业额都在20万元以上，不但解决了村里30余个劳动力的就业问题，而且从周边农户购买萝卜、青菜、腊肉等食材也间接带动了部分农户增收。因其独具特色，吸引了大批来自上海、苏州等省外游客，大大提高了开化的旅游人气。

　　在"三区三线"的差异化管控原则下，姚家村"老砖窑变身创意民宿"的实践表明，在农业空间利用存量资源转型发展是开化实现绿色发展的一条可行的新路子。

案例评析

　　自列入国家"多规合一"试点以来，开化县以主体功能区规划为基础，统筹各类空间性规划，遵循"一本规划管到位"的要求，构建了"1+X"空间规划体系；按照主体功能区规划核心理念，划定城镇、农业、生态"三大空间"和城镇开发边界、永久基本农田红线和生态保护红线"三条红线"，并编制形成融发展与布局、开发与保护为一体的全县域空间管控"一张蓝图"；统一规划期限以及各类基础数据和空间规划用地分类标准，形成开发强度测算、三类空间划定、空间管控、用地分类标准、基础信息平台建设等5个技术规程；建设由基础、管控和审批三个子平台并联运行的"多规合一"管理信息平台，促进了投资项目预审与并联审批一体化运行。开化县"多规合一"改革实现了粗放发展向科学布局转变、多头规划向统一规划转变、各自审批向同步审批转变、单项试点向多改联动转变、蓝图指引向落地见效转变。

有事和群众商量着办

郑 波

2017年1月20日，三门县海游街道方卢村的俞圣进接过了街道颁发的基层民主协商员的聘书。作为协商员，他的职责是为街道发展出谋划策，并参与一些疑难问题的解决。

"领到聘书当天，我就参加了第一次分组讨论协商会，为悬渚区块综合开发提了一些自己的想法，建议街道尽早开展环境整治，美化县城南大门。"俞圣进说。

基层民主协商制度是台州市一直在探索完善的基层治理模式。截至2017年1月，全市共建立镇、村两级民主协商会组织1074家，开展协商活动6000多次，对1100项民生决策达成共识，化解矛盾纠纷810起。

群众说，有事商量着办，让我们体会到民主参与的"存在感"。

搭建平台，请群众参与协商

一些惠民决策为什么得不到百姓的理解与支持？为什么有的干部满腔热情做事却得不到群众点赞？这是基层干部常有的困惑，也是基层社会治理亟待解决的一个难题。

2014年4月，临海市白水洋镇提出了协商的办法，即百姓的事由百姓商量着办，并推出了基层协商民主议事制度，成立镇、村两级协商民主议事会，邀请镇村各界别代表担任协商员，围绕重大公共决策、公共事务、公共利益、公益事业和民生热点难点等开展协商。

和群众商量着办，难事变成了大家共同的事。山岙村的旧村改造就是典型。该村60多年来只建不拆，脏乱不堪，由于旧村改造涉及全村人的利益，大家意见不一，工作难于开展。

村委将那些在群众中有威信、能说得上话的村民聘为协商员，同时请来明确反对旧村改造的村民。大家齐聚一堂，多次协商，七易其稿，制订旧村改造方案。随后，协商员分头上门听取意见，做思想工作。最后，全村200多间、两万多平方米违法建筑、破旧老屋，仅用3天就悉数拆除。

"这项工作，全由村里自己解决，镇干部都没有参与。"村干部说，通过广泛协商，在公开、公平、公正前提下，每个村民的意见得到充分表达，需求也得到满足，大家就没什么意见了。

白水洋镇的做法，给台州人一个启发：在乡、村两级搭建协商民主平台，请群众来议民事，将知情权、发言权、决策权交给群众，筑起党委、政府与群众之间的协商平台，确保决策科学民主，也能得到干部群众的理解、信任和支持。

统战牵头，搭建民主协商平台

着眼于统一战线与协商民主内涵功能的高度契合性，台州市推动构建统战部门牵头协调的基层民主协商工作体系。

台州市委将统战部推动协商民主工作写入《中国共产党台州市委员会统一战线工作实施办法（试行）》。全市各乡镇（街道）都建立统战工作领导小组并配备统战委员，其中65个乡镇（街道）是专职统战委员，天台、三门、黄岩等党

委还专门出台基层协商民主建设文件，为开展统战部门主导的基层协商民主工作提供了政策依据和组织保障。

为坚持代表性与广泛性相统一，台州市探索搭建"1+X"协商平台，以乡镇（街道）民主协商会组织为主渠道、以多样化多层次支渠道为拓展，将民主协商延伸到村居社区、企事业单位的基层协商网络。

"1"即建立经社会各界协商推选并由同级党组织聘任的各界别代表人士为协商员的乡镇（街道）民主协商会组织。"X"即村（社区）探索的各种协商载体。

为敞开门听取代表民声民意，市各地纷纷设立镇、村民主协商日，每月定期围绕重大公共决策、公共事务、公共利益、公益事业和民生热点难点等公共事务开展协商讨论。

在基层，协商的形式被不断创新，民主恳谈会、社情民意工作室、同心会客室、圆桌会商等多样化、多层次"草根"协商组织发挥着"疏导情绪，集聚民智，解决问题"的作用。

各地通过网上公开征求意见、开辟建言献策专栏、开通博客空间、设立网络e政厅、建立QQ群等措施，使社会公众参与民主政治的渠道大大拓宽。

为推动公正协商，确保协商成果有理有据，台州市鼓励各地邀请相关机构、专家学者，以第三方身份对协商议题所涉及的法律、政策、专业性等问题进行解读并参与论证评估。

如今，仙居县在全县20个乡镇（街道）建立"乡镇（街道）党外代表人士资政顾问团"，常态推行"镇务大事咨询制"。温岭市成立36名党外专家组成的统一战线评议团，把民主评议结果作为衡量民主恳谈成效的重要依据。

严格程序，规范民主协商有序

基层民主协商制度的有序运行离不开严格规范的工作程序。借鉴我党领导的多党合作和政治协商运行机制，围绕协商前、协商中、协商后三个重要环节，台州建立了民主提事、议事、理事和评事制度。

提事阶段，年初由民主协商议事会办公室梳理出年度协商议题，将收集的议题交由镇党委或村党组织确定。镇党委政府和村（社区）党组织则根据形势发展需要、辖区民生需求和年度工作重点，确定年度协商议题并公开。

根据协商议事方案，由相关牵头单位明确组织落实协商议事的责任人，利用"镇务民主日"或"村务民主日"等，组织相关人员开展协商议事活动。协商议事过程有专人负责记录，记录内容详实准确，协商结果应形成"协商纪要"。

理事阶段，将协商成果在规定时限内报送同级党委政府及相关部门。各承办单位在规定时限内反馈办理结果，未落实的要作出说明。

台州市委统战部负责人说："协商好不好，百姓说了算。每个协商民主议事会还设立专项监督小组，对协商过程、结果及其落实情况进行全过程监督。评议结果为不满意的，可经有关程序提请复办后办结，确保协商'说了不白说'。"

据统计，台州民主协商事宜落实情况的群众满意率达到了95%以上。

案例评析

案例评析：为发挥统一战线在协商民主中的作用，台州市探索"以统战部门为主导、以乡镇（街道）民主协商议事会为主渠道、以代表人士为引领、以'四个三'为常规程序，辐射村居社区、企事业单位"的"1+X"协商平台。目前这一平台在全市35个乡镇（街道）、993个行政村和25个社区推广实施，为基层群众表达利益诉求、协调平衡关系、解决意见争议提供了制度平台，推动了基层协商民主广泛多层化发展，增加了基层党的统一战线的凝聚力、向心力，巩固了党的阶级基础和群众基础。

农村产权流转起来

王云峰

德清县创建农村产权流转交易平台，使农民的"死产变活权、活权生活钱"，为农村金融创新提供了有效载体，有力促进了农民创业增收。

随着农村产权制度改革的深化，农村产权交易作为激活生产要素流动的关键环节，日渐活跃。德清县于2014年较早构建起农村产权交易平台服务体系，将10类农村产权进入流转交易平台。

流转交易平台的建立，让农民"死产变活权、活权生活钱"，为农村金融创新提供了有效载体，有力促进了农民创业增收。截至2017年2月，全县累计完成农村产权交易1122笔，共计3.36亿元。

平台建起来

"2017年我承包了300亩连片的外荡水面，分跨2个村，准备大规模发展。"望着禹越镇栖湖村百亩水田，养殖大户陈杏庆笑着说："以前承包土地要跑到农户家，一户户上门谈。现在到禹越镇产权交易流转中心问询，哪里有连片农田出租，哪些农户愿意流转，一清二楚。"

2015年，德清县基本完成"三权到人（户）"工作，农民陆续领到了土地(林地)承包经营权证、村集体资产收益权证、宅基地用益物权权证。

农民虽然领到了权证，但农村产权交易依然寥寥无几。调查显示，因为信息不对等、交易服务环节不规范，农民不愿甚至不敢交易，导致交易业务难开展。

农村产权改革的重要目的是"配置机制市场化，产权要素资本化"。只有让农村产权流转起来，让土地、房屋等静态资产变为动态资本，资源才能实现优化配置，生产要素在城乡间自由流动。

于是，德清县决定建农村产权交易市场，搭建平台，构建"县级交易中心、镇(街道)分中心、村(社区)服务站"三级流转交易平台，统一信息发布，统一交易规则，统一交易鉴证，统一监督管理，为农村各类产权流转交易提供场所设施、信息发布和组织交易等服务。

县级交易中心设在德清县行政服务中心，开辟了农业、林业、不动产、水利、金融五个窗口，为产权交易提供"一站式"服务。

窗口工作人员告诉记者，大厅的电子显示屏滚动发布的信息，都是各行政村提供的挂牌项目流转资讯。点击察看，里面还有更详实的流转项目内容，包括流转人的联系电话。记者一看，显示屏上已发布了324条信息。

德清县农办工作人员告诉记者，在镇、村设立交易分中心和服务站，目的是增加基础信息的采集量，方便农民发布信息。为扩大影响力，德清还将产权流转交易动态信息发布到农户的有线电视上。农民通过家庭有线电视、网络平台等媒体，随时掌握流转信息。

截至2017年6月，德清累计完成农村产权交易1122笔，交易3.36亿元。其中，土地604笔，金额5960万元；林地66笔，金额671万元；水利29笔，金额7600万元；三资交易320笔，金额2941万元；集体经营性建设用地入市100笔，成交金额1.64亿元；其他3笔，金额12万元。

贷款有底气

德清种养大户和农业龙头企业主原先想要周转资金，先找亲朋好友借，或找民间集资借贷，融资成本非常高。

农村产权交易流转平台的建立，为农村金融创新提供了有效载体。农民可以用"三权证"作抵押，向银行申请贷款。

为提高银行参与积极性，德清县出台了《农村居民住房财产权抵押担保贷款实施方案》《农村土地承包经营权抵押担保贷款实施方案》《农村股权抵押担保贷款实施方案》，发布了《关于鼓励金融机构开展农村综合产权抵押贷款的指导意见》，规范抵押担保贷款工作。此外，还商定农村居民住房财产权抵押贷款和农村土地（林地）承包经营权抵押贷款评估原则，便于金融机构实际操作。

如今，德清已有12家银行推出16项"三权"抵押贷款产品，累计发放"三权"抵押贷款（组合）2962户，金额8.47亿元，搅动了"一池活水"。

家住洛舍镇东衡村的陆建伟，到农村综合产权流转交易中心递上150亩鱼塘土地承包合同。不一会儿，窗口工作人员就为陆建伟办理了一张农村土地流转经营权证。

办理了"一证贷款"签约手续后，今后遇到资金紧张，凭借身份证、户口本和这张农村土地流转经营权证，就可以直接到签约银行申请贷款，不必再找担保人。"明年买饲料，不用再东奔西跑筹钱了。"陆建伟说。

下渚湖街道吴越水产养殖公司负责人归毛头流动资金紧缺，他赶紧拿出自家的农房产权证、土地经营权和集体经济合作社的股权，向县农商行申请抵押贷款。不到三天就获批了200万元的贷款额度，改造鱼塘、购买鱼苗和饲料的钱有了保障。

钱袋子鼓起来

农村产权公开流转，盘活了农村资源，更推动了村集体经济壮大，实现农民增收。

2015年，洛舍镇砂村村一块20亩的废弃闭坑矿地使用权计划转让。信息发布到交易流转平台后，吸引了众多购买者。之后，德清县决定用竞拍的方式出让这块集体经营性建设用地。

当年9月8日下午3点25分，槌音落地，经过多轮竞拍，该村最终以1150万元的总价成功出让这块土地40年的使用权。缴纳土地增值收益调节金后，砂村村集体获得拍卖总价68%的收入，即782万元。这是浙江首宗以拍卖方式出让的农村集体经营性建设用地。

莫干山镇勤劳村将村中闲置学校的40年使用权通过交易中心公开发布，年租金从原来的8万元提高到16万元。

依托民宿经济发展，德清农民将农房流转出租，在交易平台挂牌。一些原本无人问津的闲置农房，年租金提高到5万元。

据统计，德清县农村集体资产通过公开交易，平均增值25%以上。农村集体经营性建设用地入市，给村集体经济增收13278万元，有效保障了农民切身利益。

德清县农办副主任郑伟雄说，下一步，德清将着重提升镇（街道）分中心和村级服务站的业务服务能力，进而充分发挥其服务农村改革发展的重要作用。同时，在目前10类农村产权交易的基础上，进一步增加交易品种，扩大交易范围。

案例评析

德清县围绕农村产权市场化，推进以"有效赋权，充分活权"为核心的农村要素流转机制改革，搭建了县级流转交易中心、乡（镇）分中心、村（社区）服务站、农户申报"四级一体"的农村产权流转交易平台，统一交易规则、鉴证程序、服务标准、交易监管。在平台上，交易信息由村（社区）服务站上报，镇（街道）分中心初审并录入系统，县中心审核后在县农村产权流转交易网站和广电网络中同步发布。目前已有十类权种进入流转交易平台，初步实现农村产权资源要素高效、合理、顺畅流转，为深化农村改革、盘活农村资产、增加农民收入作出了积极贡献。

海岛居民"网购"大医院

方智斌

小岛上没有大医院，前往本岛或市外医院舟车劳顿不说，还经常会因风大停航而无法出行。这曾是舟山小岛居民的心头之痛，更是舟山卫生医疗部门的"心病"。

2015年7月底，舟山群岛网络医院上线，把就诊网络延伸到上百个偏远小岛。通过基层责任医生预约后，患者在基层医疗机构就可与上级医院专家联线就诊看病，"看专家"无需再到大医院排队候诊。即使是居住在最偏远的东极岛，群众也能足不出岛，就可以看病。

1600多次远程专家门诊，10多万次远程放射诊断，200多例远程会诊，舟山群岛网络医院上线10个月来，受到患者好评。

"医生，我的脸有些肿。"2016年4月22日下午，81岁的岱山县岱西镇村民沈英娣坐在镇卫生院的电脑前叙述着病况。她患有肾病，曾想去舟山医院看专家门诊，但又经不起海浪颠簸。得知网络医院开通，沈英娣老人在卫生院医生协助下，成功预约到了舟山医院肾内科副主任陈学波医师。

一个网线连接起了岱西镇

卫生院和舟山医院远程医疗服务中心。

"您老就是血压有点高。"通过视频观察和查看检验报告后，陈学波初步断定沈英娣没有大的病况，并给她提醒了相关注意事项。

"专家看过了，我也宽心了。"沈英娣告诉记者，网上看病真的太方便了。以前，她从岱西赶到舟山医院，乘车、坐船、乘车，一趟就要3小时。

在网络医院的服务平台上，已经有100余名副高级以上专家、1500余名责任医生在平台上注册服务。随着更多服务内容的开展，后续还将有更多包括国家级、省级名医加入。

目前，网络医院以慢病远程专家门诊为主要服务形式，在舟山医院、舟山市第二人民医院、普陀医院等设立5个远程医疗服务中心、13个专科门诊。各县（区）医院、基层医疗卫生机构设立远程医疗服务站，包括49个远程专家门诊基层服务站，33个远程放射服务点和40个远程心电服务点。

舟山医院院长张国强说，现在，从周一到周五，呼吸科、肝病科、心血管科、内分泌科、肾病科，每天下午有一位门诊专家在视频前坐堂看病。接下来网络医院将开展远程监护、在线疾病监测、健康咨询等服务。他还计划在每个诊室都配备远程诊疗设备，甚至让医生坐在家里就能为病人看病。

为了鼓励、引导医疗卫生机构、医务人员、患者参与远程医疗服务，舟山多部门联合出台政策，对远程医疗服务进行财政补助，将远程放射、心电服务医疗费用纳入医保报销范围。

"通过'双下沉、两提升'，网络医院以百姓需求为导向，着力破解海岛群众看病难的问题。"时任舟山市卫计局局长徐良波说。只要有卫生机构的海岛，群众都能通过网络医院，随时享受到三级医院专家的优质服务。网络医院连接了医院和患者，改善了海岛百姓的就医体验，减少了就医成本，也优化了医院的诊疗流程，提升了资源利用率。

根据基层医疗卫生机构的需求和网络医院上线以来的运行情况，2016年，舟山市还在市妇幼保健院、市中医院分别增设了市级远程医疗服务中心，增设神经内科、普外科、妇儿保、骨科等专科门诊，逐步试点开展远程监护、在线疾病监测、健康咨询等服务，并通过基层医疗卫生机构责任医生的预约，为基层病人提供24小时全天候的"点单式"门诊服务。2016年6月2日，市妇幼保健院远程医疗服务中心高危孕妇远程专家门诊开设。据了解，这是全省首家高危孕妇远程专家门诊。

徐良波告诉记者，未来海岛居民通过网上看病，会像网购一样方便。患者可以选择自己喜欢的医生，预约远程专家看病，甚至药物都可以配送上门。

案例评析

为破解海岛居民看病就医短板问题，舟山市结合海岛实际，运用"互联网+"医疗技术，整合市、县（区）、乡镇、社区（村）四级医疗资源，打造"舟山群岛网络医院"，构建海岛医疗服务联盟，着力推进优质医疗下沉，提升基层服务能力。医疗服务联盟通过建立远程医疗服务中心平台、开设远程医疗专家门诊、整合专家资源、优化分级诊疗服务流程、实施医疗质量控制、明确医疗服务责任界定、加强远程医疗服务保障等举措，将远程医疗延伸到渔农村和偏远海岛，提升了优质医疗资源利用率，改善了海岛群众的就医体验，有效破解海岛偏远地区优质医疗资源下沉困难、群众看病就诊不便等突出问题。

第四届浙江省公共管理创新案例

优秀奖

义乌"洋娘舅"专解涉外纠纷

金 哲

在"世界小商品之都"义乌,活跃着这样一支队伍,他们肤色不同、国籍不同、语言不同,却有着一个共同的称呼——涉外纠纷调解员。

这是一支由15个国家的16名外籍人士组成的涉外纠纷调解队伍,他们精通多种语言、贸易经验丰富,虽有自己忙碌的事业,却乐于为中外客商排忧解难;他们虽是成功的商业人士,却虚心学习中国文化,把自己融入商城这个"家",在这里寻梦、追梦、圆梦。

请外商当"洋娘舅"

新加坡商人潘树法在义乌做生意已有十多年,除打理好公司事务外,他在一个月里总有两三天要到义乌市涉外纠纷人民调解委员会值班,为前来求助的中外客商解决纠纷,宣传法律知识。

义乌是全国经济外向度较高的城市之一,全市有来自100多个国家和地区的1.3万境外常驻人口,每年临时入境人员超50万人次。频繁的涉外民间交往,给城市治理带来压力。

由于涉外纠纷走法律程序时间长、费用高、程序复杂,对"时间就是金钱"的中外客商来说,第三方调解往往是他们的首要选择。以前,义乌市司法局国际商贸城司法所每年都要处理上百起涉外纠纷,遇到外商没有翻译、语言不通时,纠纷调解就很难进行。传统的做法是找个翻译再居中调解,但这种方法成本较高,直白的翻译也容易使矛盾激化。

2013年，义乌市开创性地设立全国首家涉外纠纷人民调解委员会，聘请了一批精通三种以上语言、熟悉贸易流程、诚信经营的外籍商人参与涉外纠纷调解。

来自塞内加尔的苏拉在义乌经营一家外贸公司。能说流利的中文的苏拉还有一个特别身份：涉外纠纷调解委员会副主任。

"让我们参与纠纷调解，是义乌这座城市对外国人的一种礼遇，更是一种信任。"苏拉把自己称做"外国老娘舅"，还总结出了一套调解技巧。比如，要耐心倾听当事人的叙述，理清事情头绪，同时也不能仅听一面之言，关键要看证据；还有帮理不帮亲、对事不对人，保持公平公正原则等。除了参与涉外纠纷的调解，在义乌涉外纠纷人民调解委员会主任陈津颜的带领下，苏拉还时常参与市场普法宣传、公益慈善等活动，为"第二故乡"义乌尽心尽力。

"老外不见外"是苏拉常挂在嘴边的一句话，对他来说，做调解员最深的感触是："这里真的需要我们。"虽然没有一分钱的工资和任何福利，但他总能热心为来访外商解决困难、化解纠纷。

涉外纠纷的"润滑剂"

一台摇号机，一盒黄色乒乓球，一叠抽签序号，38名义乌市场经营户齐聚调解室，通过摇号确定自己的领款顺序。这是义乌市涉外纠纷人民调解委员会主导的一次调解现场。

一名巴勒斯坦外商因资金周转不灵，长期拖欠80余名市场经营户共计人民币291.85万元的货款。经营户们希望通过调解尽快拿回货款。但由于人数众多，外商很难一次性付清货款，但愿意分期支付。为此，涉外纠纷调委会积极与义乌市人民法院、义乌市公证处等部门联系，引入过程公证加快纠纷的调处，确保调解过程的全公开。该次调解涉及经营户38名，涉及金额132.24万元。达成调解协议后，在法官的指导下直接在调委会办理司法确认手续，为调解协议增加了法律屏障。

涉案人数众多、涉案标的较大的涉外纠纷，不妥善处理，就可能使民间的贸易纠纷上升为国际外交事件，影响社会和谐稳定。多部门的有效衔接，有利于涉外纠纷及时高效化解。

目前，义乌涉外纠纷调委会已与义乌市人民法院、检察院、外侨办等部门建立良好的沟通合作机制，有效解决了涉外矛盾纠纷，保障了中外当事人的合法权益。

截至2016年年底，义乌涉外纠纷调委会成功调解涉外纠纷294起，涉案金额4691.37万元，调解成功率96.6%，为中外客商挽回经济损失2576.68万元。

2010年到2015年间，一位苏丹籍客商陆续向多名市场经营户采购价值300多万元的货物，但一直未付清货款且失联了。涉外纠纷调委会的苏丹籍调解员、义乌苏丹商会会长艾哈迈德得知这个情况后，专程自费赶往苏丹，在苏丹民间组织的帮助下，向欠款方讨要货款。他想要通过自己的努力，尽量避免让义乌的经营户对苏丹商人产生偏见，让苏丹商人继续来义乌做生意。功夫不负有心人，最终艾哈迈德成功为义乌市场经营户要回了货款。

"外籍调解员参与纠纷调解，具有语言和国籍优势，让他们直接与外商沟通，有效避免了翻译造成的误解，有利于了解外商真实的处理意见，促成纠纷的顺利解决。"涉外纠纷调委会主任陈津颜说。

调解员艾哈迈德为市场经营户挽回经济损失的同时，也为义乌涉外调解工作的进一步拓展提供了新思路。虽然人民调解被称为"东方一枝花"，但通过第三方居中协调解决问题的方法却有着世界共通性。

苏丹商会的成功实践，为调委会创新涉外纠纷调解方式奠定了良好的基础。经过多方沟通交流，2016年5月，义乌涉外纠纷调委会与苏丹苏中友谊协会达成国际贸易纠纷联合调解合作意向协议，经苏丹有关部门确认后将成为我国首个跨国贸易纠纷联合调解机制。

国际友谊的"连接桥"

做涉外工作，最重要的是传播和谐、友谊和文化，促进各国文化求同存异、互补共荣。义乌市涉外纠纷人民调解委员会共有来自15个国家的53名中外调解员，《团结就是力量》是全体调解员都会唱的中文歌，他们在这里讲团结、讲和谐、讲奉献，希望通过自己的努力为义乌的法治建设出一份力。

调解员苏拉常说："涉外纠纷人民调解委员会不仅给我们参与纠纷调解的机会，更为我们搭建了一座文化交流、传播友谊的桥梁。"

高温酷暑下，中外调解员们精心准备实用礼物，自费为环卫工人送去清凉，并主动帮助工人们清扫道路垃圾。约旦籍调解员穆罕奈德表示："义乌就是我们的家，作为'新义乌人'，我们有责任有义务为商城的文明城市建设出一份力"。简单的语言，道出了所有调解员的心声。

每年7月，义乌国防教育基地总会来一批国际学员，各国调解员在烈日下站军姿、行军礼、做素拓，一刻也不敢马虎，即使满头大汗，也坚持完成各项训练任务。

来自巴基斯坦的调解员阿酷，2016年第一次参加军训活动，经过一天的训练，让他理解了"服从命令，听从指挥"的真正含义。他说："军训让我体会到了团结的力量，今后的生活工作中我也要时刻提醒自己讲团结、讲和谐。"

义乌涉外纠纷调解委员会通过开展多样的文化交流活动，增加了外籍人士对"诚信""包容"等理念的认同感，加强了他们的自我约束和管理，也提升了他们参与城市治理的热情，为义乌这座没有围墙的城市增加了新的活力，这支"联合国调解队伍"将在商城继续谱写文化交流、传播友谊的和谐乐章。

案例评析

为解决涉外纠纷走法律程序时间长、费用高、程序复杂等问题，义乌市将涉外民间纠纷纳入人民调解范围，创新性地在调解委员会中引入外籍人士担任涉外纠纷人民调解员，有效地解决了文化、法规、习惯、语言不一致导致的沟通难题，提升了调解成功率。义乌还及时研究分析涉外纠纷发生、发展以及变化规律，各部门协同建立涉外矛盾的预判和预防机制，以及人民调解、行政调解、司法调解衔接联动的多元化纠纷化解机制，大大提高了涉外纠纷排查化解的针对性和有效性。

义乌市对涉外民间纠纷调解的调解组织体系、调解工作机制、部门联动机制和人员构成与管理等方面作了有益探索，为有效解决涉外纠纷提供了可参照范例。

指尖上的交警队

唐成耀　叶见素

温州交警探索"互联网+公共服务"模式，在便民服务、执法管理、警务宣传、警民互动等方面深度应用，有效破解机动车急剧增加带来的警力不足、效率不高、办事不便等难题。

在温州，有一个特别受当地群众喜欢的微信公众号："温州交警"。开通两年多以来，"温州交警"微信公众号用户数量已达到300万，也就是说，温州1/3的常住人口是这个微信号的"粉丝"，在1.2万个全国公安政务微信平台中排位第一。

为什么这个微信公众号如此受欢迎？温州市民说："所有能够上网办理的交管业务全部放在微信上，交警服务还有问必答，这样入微体贴的公众号，当然受欢迎！"

据统计，在两年时间里，"温州交警"微信公众号共受理各项交管业务500万起，处理轻微交通事故23万起，受理违法举报25万起，在线缴费1.5亿元，打造起指尖上的交警队，让老百姓"多走网路、少走马路"。

打造平台
年办理交管业务200万件
相当于减轻100位民警的工作量

2015年，温州市的机动车突破了200万辆，市区每百户家庭汽车保有量居浙江首位。与10年前相比，汽车、驾驶人数量和工作量增加5倍，但警力却没有增加。事多人少，出行难、办事难成为人民群众日益关注的焦点。

2014年6月，温州交警借助微信技术，在浙江率先推出"温州交警"微信服务号。2015年和2016年，分别升级推出2.0版和3.0版。

"温州交警"微信公众号设置了"信息查询、便民服务、警民互动"三大菜单，涵盖68项"微服务"，其中包括交通违法查询、驾驶人记分、实时路况等信息查询，创新事故快速处理、智能移车、受理联系方式变更、补证补牌、网上考试预约、异地委托检验等办事项目，还开发了违法信息、换证到期、年审时间等提醒类业务。

与此同时，微信段开发了银联、支付宝、微信手机支付功能，并将公交、二手车估价、车检计算器等交通服务项目连入平台，办事项目占全部线下业务的70%，打造了全覆盖的"移动互联网交通管理综合服务大厅"。

如果登记了完备的个人信息，温州交警还会授此用户为星级用户。星级用户可全方位享受交警24小时在线智慧提醒、在线办理、在线预约、在线缴费等服务。

利用"温州交警"微信号，老百姓的办事效率明显提高。以交通违法查询和处理为例，通过微信号完成查询、处理和银行缴款平均用时约5分钟，提速约30倍。特别是微信事故快处快撤功能，极大方便了群众轻微事故处理，减少事故对交通秩序的影响。

2016年，温州市区通过微信处理交通事故3.5万起，平均每天150起左右，占交通事故总数的25.8%。

温州市交警支队长徐志宏说，自2014年开通至2017年年初的两年多时间里，微信"交警队"受理违法查询处理330万起，仅此一项，就节省窗口办理时间约55万小时，减少全市每年500万车次的出行量，减轻了城市交通压力。此外，微信平台每年

办理各类交管业务200多万件，相当于减轻了100位民警的工作量。这些警力将更多精力投入到路面管理上，提高了交警工作效能，破解"事多人少"的困局。

创新服务
推出学交规减分、微举报等新功能

近年来，温州公安交警始终坚持严管态势，仅2016年全市就查处400多万起交通违法，其中大部分属需扣分的非现场交通违法行为。

根据《浙江省实施〈道路交通安全法〉办法》第二十八条的教育学习减分规定，广大驾驶员要求学习减分的呼声强烈。温州市交警在征求民意基层上，在全国率先推出"加交警微信、学交规减分"的驾驶员安全教育减分处理新举措。

市民金先生开车习惯不好，驾驶证才过了半个记分周期，交通违法记分就差不多记满了。这几天，他开始关注"温州交警"微信号，参加交规学习考试，在30分钟内答对9题及以上，即可获得2分分值；一个记分周期可以参加学习2次。驾驶员获取4分的减分券后，可以抵消部分未处理交通违法记分。

为最大限度达到教育学习目的，温州交警建立以道路交通安全法律法规为重点，结合突出违法行为、多发事故违法行为的学习教育减分题库，并随机抽取10道选择题作为考试内容。微信学习减分平台的设计也非常人性化，实行全程自助式服务，建立了从被动坐堂到主动学习的宣传新模式，不仅提升驾驶员主动参与学习的积极性，还有效杜绝"替人扣分、卖分"等违法现象。

微信学习减分平台开通以来，参加学习减分的驾驶员达到61万人次。

利用微信强大的互动功能，温州交警在全国首创自动识别举报拍摄时间和地点的微信智能举报平台，并建立微信有奖举报机制，对举报成功的用户奖励微信现金红包、行车记录仪等。

目前微信公众号平均每天接受举报2000多起。在警力无增加的情况下，微信举报的违法处罚量相当于200个民警或100个移动监控探头一年的工作量。

"举报+处罚"的举措，有效提高了温州市民交通出行的素养。根据高德地图发布的2016年最新全国主要城市拥堵排行，温州从第35位下降至66位。温州市民对交通管理的满意度提升到90%。

警民互动
指尖上的对话，手心里的服务

用微信办事是新尝试，让群众知晓、关注是基础。从增粉的角度来说，"温州交警"自有一套方法，开展声势浩大的宣传推广活动，通过在各种办事窗口、车站广场等人流密集场所的设点宣传，开展重点单位人群推广、线上线下活动来增加关注度，在市民朋友圈中形成"爆发式传播"。

"温州交警"服务号每周会推出8篇文章，被称为"微信周刊"。在发生重大事件时实时发布真实信息，及时报道党委政府和公安中心工作，构架"平时宣传引导、战时舆论制导"的网络舆情引导机制。

市民小丁是"微信周刊"的忠实粉丝。他说，2016年7月8日台风"尼伯特"强势来袭，"温州交警"微信周刊第一时间向市民推送安全指引。小丁根据周刊发布的避灾指南，及时将自己的车子移到了高处，避免了损失，为此，他专门留言表示感谢。

截至2016年年底，"微信周刊"已成功推送127期，头条阅读量基本都在10万以上。2017年以来，周刊阅读量达到4000万，在全国公安政务微信影响力排行榜中35次位居第一。

利用微信互动，温州交警主动开展民意调查，打造反映民声民意的"朋友圈"。2016年4月，温州交警发布微信违法停车整治民意调查，一天时间就吸引了近10万粉丝参与投票。2016年最后一天，温州交警向市民发送了《温州交警@您1617，您说了算！》的信息，向市民报告2016年工作情况，征集2017年工作意见，先后收到20余万张选票，有96%的市民投票支持交警严管交通违法行为。

根据民意调查和群众反映的情况，温州交警信号灯优化建议有1249起，拥堵上报1738起，解决群众咨询投诉建议4万多件，实现了"指尖上的对话，手心里的服务"。

案例评析

温州交警在全省率先推进手机微信服务平台建设，利用信息技术打造指尖"服务台"，在掌上便民服务、执法管理、警务宣传、警民互动等方面深度应用，不断探索"互联网+公共服务"的新模式，有效破解了机动车急剧增加带来的警力不足、效率不高、办事不便等难题，成为全国公安政务微信平台中首个用户突破百万和用户最多的平台。

"温州交警"微信服务在提高公安政务服务效能、构建和谐警民关系方面发挥着重要价值和作用，形成了政府部门政务微信服务的"温州交警模式"，为全省乃至全国政务服务改革作出了有益的探索。

"枫桥经验"历久弥新

——诸暨枫桥镇提升基层社会治理水平纪实

周天晓　周智敏　梁国瑞　等

总有一些东西，越是历经岁月淘洗，越会焕发璀璨光芒。

在毛泽东同志批示后的半个多世纪里，发源于诸暨枫桥镇的"枫桥经验"，与时俱进、历久弥新，展现出越来越强大的生命力，显示出越来越重要的时代价值。

2003年11月，习近平同志指出，必须始终站在改革发展稳定大局的高度，去思考、去实践、去创新"枫桥经验"，通过改革发展促进社会稳定，在社会稳定中推进改革发展。

2013年10月，习近平同志就坚持和发展"枫桥经验"作出重要指示时强调，各级党委和政府要充分认识"枫桥经验"的重大意义，发扬优良作风，适应时代要求，创新群众工作方法，善于运用法治思维和法治方式解决涉及群众切身利益的矛盾和问题，把"枫桥经验"坚持好、发展好，把党的群众路线坚持好、贯彻好。

十多年来，遵循习近平同志的嘱托，"枫桥经验"不断升级，焕发出全新的光彩：全面融入网络时代，枫桥为社会治理插上信息化翅膀；面对转型期的新矛盾，枫桥构建起多元共治的全新格局；瞄准长治久安，枫桥创新实施"双轮驱动"，让"枫桥经验"成为经济快速发展与社会活力迸发的强大驱动力。

如今，古镇枫桥正朝着平安中国先行区不断迈进，一个美丽、富裕、平安、活力的新枫桥形象正越来越清晰。

四个平台
社会治理智能化

在枫桥，"古镇枫桥"这个微信公众号已经家喻户晓。

2017年，梅苑村专职网格员巡查时发现绍诸高速北出口有人违法搭建钢棚。他立即用手机拍照，并通过"古镇枫桥"上报到镇综合指挥中心。信息被"秒转"给国土网格员，国土部门当即安排核查。这个尚未搭好的钢棚，当天就被拆除了。

关注"古镇枫桥"的，除了网格长、网格员，还有一个更大的群体——"红枫网友"，他们都是热心参与社会治理的普通群众。遍布全镇的网格长、网格员和热心群众，用手机织起了一张覆盖全镇的信息搜集网。

曾经，枫桥人常常听到这样的质疑：互联网时代，动动手指就能把信息传出千里，"枫桥经验"能否适应时代的新要求？

"时代在变，'枫桥经验'也在创新升级。"枫桥镇党委书记金均海说，通过微信、手机APP等网络平台，"枫桥经验"使依靠群众、发动群众这一"法宝"，变得更加智能化、信息化。

在镇综合指挥中心大屏幕上，每天滚动着全镇近8万人的"喜怒哀乐"。每条民生信息采集、处理的背后，都连着"两张网"，一张网在线下：全镇被划分成189个村居网格，每个网格都配备网格长、网格员；一张网在线上：依托互联网建起的基层治理综合信息系统和综合信息指挥室。

为打通基层治理"最后一公里"，枫桥整合全镇各类站、所、庭、办，建立综治工作、市场监管、综合执法、便民服务四大平台，实行大口子管理、集中式办公、扁平化管理，所有执法人员集中办公，全天候巡逻执法。

如今，以镇综合信息指挥室为"中枢"，全镇小到路灯破损、窨井盖缺失，大到违法违章、治污防洪，各类民生事，从问题发生到事件交办，再到监督反馈，实现了实时收集、受理、流转、处置、反馈。

借助互联网实现信息采集全覆盖后，扎根枫桥半个世纪的矛盾调处机制，发挥出更强大的作用。2017年1月至7月，全镇调解各类矛盾664起，调处率100%，成功率98.4%。

现在，当地群众都说，枫桥人遇到问题或起了纠纷，不会想着发到网络上传播，而是第一时间上传到综合信息指挥室，"第一时间有呼应、有服务、能解决，'家丑'何必外扬？"

进村赶考
多元共治格局新

2017年6月底，"枫桥经验"发源地枫源村启动了新一轮村规民约修订工作。28项条款，哪些要增删、修改，村干部们挨家挨户征求意见。

村干部拟定草案，再向全体村民征求意见，这是枫源村村级重大事项"三上三下"民主决策机制中的重要一环。随后，方案要重新修订，经民主恳谈会讨论、完善，再经党员审议，最后由村民代表投票表决通过才能实施。

村中事为何弄得这般"复杂"？枫源村人有自己的考虑。

"以前都是家庭矛盾、邻里纠纷，调解起来不难；现在常有拆迁安置等事关群众利益的大事，容易引发干群矛盾，怎么办？"枫源村村委会主任骆根土说。如今，枫源村每逢大事，就启动"三上三下"，村级工程至今零上访。在枫桥，这是村民参与共治的方式之一。

"面对新形势，我们积极探索共治、法治、德治、自治、善治'五治合一'的社会治理新模式，争当全国基层社会治理排头兵。"时任绍兴市委常委、诸暨市委书记张晓强说。

充分依靠群众，一种新的共治格局正在形成。

2017年以来，枫桥各个村庄都在创建"孝德村落"。主办方要求，参评村庄须坚持开展文明创建、形成孝德文化和好家风建设氛围。诸暨市妇联主席倪敏利说："通过创建，村民争做好媳妇、孝子女，好家风、好乡风形成了，矛盾也少了。"

2017年6月21日，陈家村妇女主任陈佩英带着姐妹们排查出租房、查找安全隐患。这支成立于2016年3月的"枫桥大妈"志愿队有400多名成员。村里小到夫妻矛盾，大到违建管控，处处都有她们的身影。目前，诸暨共活跃着1213个社会组织，成为基层治理的重要力量。

在多元共治的新格局里，重要的一"元"是机关干部，村民遇事总喜欢找他们帮忙。从2015年开始，诸暨推出"返乡走亲"制度，让机关干部参与基层治理，为乡亲们办事。如今，诸暨4000多名机关干部，返乡后收集各类意见建议7000多条次，极大地密切了干群关系。

群众呼声带上来，政策意见带下去。机关干部驻得了村、上得了门、说得上话、交得了心，"进村赶考"已成为新时期传承"枫桥经验"的重要形式。

双轮驱动
既富且安增活力

秋日里，枫桥镇杜黄山脚下鲜花遍开，"绿色长廊"瓜果飘香，迷人的田园风光，引得四乡八邻纷纷前来观赏。谁能想象，几年前，这片废矿山旁的沼泽地垃圾成堆、污水四流，村民年年闹矛盾。

近年来，杜黄新村启动全面整治行动，清除沼泽地，复绿废矿山，开挖灌溉渠。原先每年承包价1万元的水塘，如今涨到了10万元，村里2000多亩农田也成为省级粮食功能区，流转价格比附近村庄高出不少。

"经济发展了，矛盾就少了。"这是杜黄新村党总支书记王海军的经验之谈，也是"枫桥经验"升级发展面临的新课题：很多矛盾，是在经济发展过程中出现的，只有通过发展经济，才能真正化解。

枫桥人意识到，传承发扬"枫桥经验"，必须建立在经济可持续发展的基础上。"既稳定又文明，既富裕又有活力，才是真正的大平安。"金均海说。近年来，枫桥坚持"枫桥经验"传承和枫桥经济发展"双轮驱动"，为社会长治久安蓄积持久动力。

为实现强镇富民，枫桥镇启动了传统产业转型、新兴产业培育等一系列行动。2014年以来，全镇共引进内外资项目85个，亿元以上项目10个，实到内资32.58亿元，实到外资3589万美元。

占地1000亩、总投资5亿元的"香妃梅林"休闲旅游项目已经开工建设；由在外枫桥人回乡投资的仙人阁民族风情园，其"精致云南"板块将于今年底完工；浙江旅投投资的云溪九里森林氧吧项目、杭州科地资本投资的田园曼谷项目也已陆续进驻；2016年至今，已有10多家金融创投公司到枫桥注册；以老厂房改造而成的科创孵化园，2017年已招纳引进20多家金融信息、文化创业等企业。

和谐稳定的社会环境孕育了经济的高速增长。2017年1月至7月，全镇规上工业总产值49.9亿元，同比增长17.5%；自营出口6.27亿元，同比增长14.4%；固定资产投资18.84亿元，同比增长16.5%。2016年，城乡居民人均收入33599元，与上年相比增长9.6%。

经济的迅猛发展，又促使社会更加和谐安定。据枫桥派出所统计，2017年以来，全镇刑事警情下降43%，治安警情下降36.5%，侵犯财产案件、黄赌毒案件分别下降42.5%、55.9%。

安以致富，富则民安，这或许是"枫桥经验"永葆活力的又一奥秘。

时代的全新命题，催生出"枫桥经验"的升级与突破。枫桥人谨记总书记的嘱托，不断提升基层治理体系和治理能力现代化，接续打造"枫桥经验"升级版，在推进"两个高水平"建设的新进程中，把枫桥建设得更加美丽、富裕、平安、富有活力。

案例评析

　　作为全国第一批社会管理和公共服务综合标准化首批试点项目，枫桥镇总结提炼了基层社会治理过程中的经验做法，率先在"矛盾化解、公共安全、违法监管、公共服务、民主自治"五大方面建立了一整套可操作、能复制的基层社会治理标准体系，涉及"基层社会矛盾纠纷大调解建设规范""基层网格员管理规范""乡镇社会治安防控体系建设规范"等22个标准项目。

　　枫桥镇在"基层社会治理综合标准化"上的努力，提升了枫桥镇自身基层社会治理的规范性，成为诸暨市创新基层社会治理的风向标，更提供了浙江省推动"标准化＋"基层社会治理的蓝本，引领了全国各地探索基层社会治理标准化的新走向。

个人信用怎么样　大数据详细告诉你

姜鹏飞　曹起铭

嘉兴打造"信用之城"，借力大数据记录每个市民的信用行为。

借钱不还、恶意逃票、考试违纪，甚至拖欠水电费、违规闯红灯……这些日常小事，在嘉兴人的眼里，却是代表个人信用的大事。

嘉兴市16周岁以上户籍人口，都有一张记录"信用分数"的市民卡。个人信用怎样？大数据会详细记录，精确分析，形成权威的个人信用报告。

自2015年1月嘉兴启用"公民个人信用动态评价系统"以来，已先后为10万多人次提供信用报告查询服务。

借力大数据破题"采信难"

前不久，嘉兴市公共事务信息中心与市图书馆签约，将图书借阅数据正式纳入个人信用评价体系。如果市民借书一年以上不归还，其个人信用将打折，被直接扣减信用分数。

信用分怎么计算？嘉兴市社保事务局副局长李祥介绍说，这归功大数据的挖掘分析技能。2014年嘉兴社保局委托彼艾信息科技有限公司研发了个人信用信息分析模块，并针对来自各条线

的信用数据建立规则库，以"模型"＋"规则库"加权评分模式对每位市民的个人信用进行量化评分。

嘉兴市政府还出台《嘉兴市公共事务信息资源共享管理办法》，要求各部门（单位）根据工作职能及时采集更新信息，将采集的信息以电子化形式记录、存储，通过公共事务信息共享平台实时或定时交换。

截至2015年12月，嘉兴已有市本级及下辖县市的64个部门单位信用信息通过公共事务信息系统实现共享交换，涵盖市域450万常住人口，62类指标项，5000多万条数据记录。

"通过对海量公共事务信息进行挖掘、分析，我们建立的市民个人信用评价体系就有了科学依据，可以全面、准确地反映一个人的真实信用。"李祥说。

"千分制"评价信用等级

嘉兴对市民的信用评价采用打分方法，实行千分制，用五种颜色划分信用等级：0～599分为重度失信，信用颜色为红色；600～749分为轻度失信，信用颜色为黄色；750～799分为信用正常，信用颜色为绿色；800～819分为信用良好，信用颜色为蓝色；820～1000分为信用优秀，信用颜色为紫色。

系统并不是简单的加减分或失信行为的罗列，而是通过共享数据的部门提供的公共信用数据，综合目前嘉兴市本级在库信用基础信息4864万条后，进行大数据分析，并结合定性评价规则形成的一套科学的信用量化评价体系。

目前，大部分嘉兴市民的信用分数在750分到799分之间，属于信用正常等级，个人失信或守信行为都会使这个分数发生变化。比如，受过刑罚，或者老赖、乱停车等会减少信用分数。而做志愿者、捐款、献血、见义勇为等可以获得信用加分。

市民如要获知个人信用记录和评分，凭本人市民卡及服务密码，打开"嘉兴市公民个人信用评价系统"网站或"嘉兴市民之家"手机终端，即可查询。

鼓励个人树立诚信意识

个人信用评价有什么用处？嘉兴的答案是：一处失信，处处受限。

李祥说，嘉兴的评价体系对每个市民的全部社会活动信用记录都进行评分，比金融机构的信用报告更全面。

个人信用评价体系建成后，受到社会各界关注，许多部门和单位主动将其用于单位管理和业务办理。嘉兴市委组织部和团市委先后出台《嘉兴市党员志愿者管理办法（试行）》和《嘉兴市志愿者激励回馈办法》，分别将志愿者积分与嘉兴市公民个人信用评价分数挂钩，增强志愿者服务积极性。

民政局将个人信用信息用于低保资质核查；国家电网嘉兴公司除了定期提供长时间连续欠费及重大违约窃电客户信息，还向拖欠电费500元以上的市民"亮红牌"；中国光大银行嘉兴分行、嘉兴银行等金融单位在其商业信用融资和贷款业务中采用公民个人信用评价报告作为重要依据，根据市民个人信用情况给予相应的授信额度；不少企业在员工求职时还要求提供个人信用报告，决定其今后的就职和评优。

与此同时，嘉兴还通过守信加分和失信减分来鼓励个人树立诚信意识，改正失信行为。2016年，嘉兴市委组织部、团市委将志愿服务列入信用评价体系，光大银行、嘉兴银行将信用评价分数应用于信用卡透支额度和小额贷款业务。许多市民看到个人信用报告中的失信记录后，及时改正，缴纳了拖欠的水、电、通信费，归还了长借不还的图书等。

案例评析

　　数据时代，任何事物、任何个体的行为都可以变成数据。数据时代给政府治理社会带来了前所未有的可能。大数据具有"体量大、处理速度快、类型繁多、价值密度低"的要素特征。基于此，嘉兴市依托政府共享信息资源建立个人信用数据库，采用大数据挖掘分析技术建立信用评价模型，并通过多重安全技术确保个人信息安全，积极推进个人信用评价结果的全面应用。

　　通过大数据挖掘分析技术，嘉兴市构建起全新的信用评价体系，不仅提升了社会信用的自律意识，还为政府治理社会提供了新支撑、新手段。

全流域治理转身"绿富美"

邵燕飞　奚金燕

　　沿钱塘江上溯千里，在围棋仙地烂柯山麓，横卧着一座千年古城，这里是金庸小说《碧血剑》中所述"山幽花寂寂，水秀草青青"的实景地，也是孔氏南宗家庙所在地。

　　孟春三月，走进浙江省衢州市柯城区，满眼都是绿。清泓碧波纵横交错，如黛远山连绵逶迤，动静相宜，山水相融，此情此景便是柯城区近年来"治水效应"的一个缩影。

　　作为钱塘江的上游，水，既是柯城最为灵动的韵脚，更是柯城人不懈守护的对象。近年来，柯城区勇担"一江清水送下游"的源头责任，创新谋划实施了庙源溪、石梁溪全流域统筹开发"一张图、一盘棋、一条心、一本账"的"四个一"工作机制，总投资3亿多元，治理河道24.4公里，推动"两溪"实现了黑臭河、垃圾河向"最美溪流"化蛹成蝶的华丽蜕变，带动沿溪3万余农民人均增收3245元，超出全区平均水平11.5%，走出了一条具有柯城特色的"绿水青山就是金山银山"的新路。

抓牢治水牛鼻子　一江清水送下游

　　走在柯城区石梁镇坎底村，只见一渠石梁溪穿村而过，溪水流翠，远山似黛，恰似一幅江南山水丹青画卷。然而提到以前的石梁溪，村民王球峰却痛心疾首。他说，以前上游山区有很多小造纸厂，废水顺流而下，整条溪流都十分混浊。

　　而庙源溪两岸，则是养殖污染的"重灾区"。沿线的许多村子家家户户都养猪，猪粪猪尿直排溪中，原本清澈的溪水最终"不堪重负"，变成了人人避之不及的"黑臭河"。"污染最严重时，水面都是泡沫，水底都是青苔，鱼都死光了，夏天很臭，根本没法用……"谈及这段过往，老百姓都记忆犹新。

"野水数弯流以决，晚山几叠澹而长"。走过一段发展的弯路，柯城人逐渐认识到，生态这张"金名片"，其实也是一张脆弱的"瓷名片"，而治水，则是擦亮这张名片最为重要的一环。

为了让水"清"起来，"流"起来，"活"起来，继2005年全面平毁境内竹料腌塘和关停小造纸厂之后，2013年，柯城区又牢牢抓住"养殖污染"这个治水的"牛鼻子"，全面打响了"五水共治"攻坚战，对辖区内的7个乡镇、6个街道实行"全辖区、全流域"畜禽禁养，共禁养生猪53.67万头，拆除栏舍面积72.78万平方米。

在禁养的同时，全覆盖推进生活污水和生活垃圾"双治"工作。在坎底村，家家户户的污水管道都连接着村里的处理终端。污水处理系统将村里所有的生活污水集中之后，经过沉淀、过滤、净化等程序，实现达标排放。村民还将溪水通过沟渠引入村中，一股清流穿村而过，依旧清澈不变。

"现在的水和小时候差不多了，大家看到垃圾也都会去捞起来，毕竟这是我们居住的环境，希望水能更清一点，垃圾更少一点。"王球锋说，"洗净污垢"之后的坎底村声名远播，每年夏天都会有亲戚朋友相约来玩水，自己也觉得很有面子。

如今在柯城，治水已经成为了一件全民参与的大事。据了解，柯城区每年都会举办"好水如歌：百村赛水赛歌"活动，目前已发动170个村、110多位区、乡、村三级河长、20多支志愿服务团队、近万名群众参与竞赛。在"赛水赛歌"的舞台上，大家各显神通，谈思路、讲经验、拼水质，治水妙招层出不穷。

全流域生态化治理 一泓碧波焕新机

漫步在石梁溪畔，流水淙淙，银波泛泛，间或有白鹭飞过，掠起阵阵涟漪……此情此景，正是柯城区坚持不懈、全民治水给农村带来的最直观的变化。然而，"正本清源"只是柯城区在治水路上迈出的第一步。

"水不仅要变清，还要变美，这个美就是业态美。"在柯城区委书记祝晓农看来，治水必须要与传统企业转型、生态环境建设、城乡统筹发展结合起来，"绝不能仅仅是为了治水而治水。"

为将水清与水美有机结合，柯城区创新全流域生态化治理模式，从单一水利改造转向生态景观化改造，从分段整理转向全流域治理。庙源溪、石梁溪沿岸原本比较荒芜杂乱，河道当中的堰坝也都是些老式的混凝土堰坝，平淡无奇。为打造"最美两溪"，柯城区投资近3亿元对"两溪"流域进行了生态景观化改造。

不同于"大刀阔斧、伤筋动骨"的造景，在改造过程中，柯城区秉承"自然"理念，注重堰坝景观化、护岸生态化、河道特色化，使堰坝景观与周边田园景观实现有机融合，并深挖当地文化特色，将司马堰将军洗马、海龙堰神龙潜渊、麻蓬村十三太保等金庸少年时代在石梁求学的所见所闻，融汇成庙源溪、石梁溪独特的文化气质。

此外，为贯通沿线的风景资源，庙源溪、石梁溪沿岸还修建了与城市公园无缝对接的绿道系统。人们通过绿道，或骑行、或漫步，自由穿梭于城市与乡村，寻觅乡愁记忆，享受田园风光。

改造之前的鲶鱼湾原本是一个堆满垃圾淤泥的浅滩，可如今再度探访，却是流水潺潺、芳草萋萋的曼妙景象，沿着汀步台阶拾级而上，层层叠叠的堰坝让一湾溪水变成了梯田跌水，奏出了春天里最美妙的音符，让人惊艳不已。

栽下梧桐树，引得凤凰归。吴国成家就在鲶鱼湾附近，过去一直在萧山打拼，拥有7家餐饮连锁店，压根没想过回家发展。有一次回老家时，吴国成看到了大变样的鲶鱼湾，心动之下将生意扔给了别人打理，回来开起了鲶鱼湾菜馆，"家门口有这样大片的美景，完全可以和大城市的滨江公园媲美！"

好风光带来新商机。从"一棚三换，养猪改养生"到发展农村电商，一系列转产转业措施的落地，让老百姓打消了顾虑，找到了更好的增收之路。目前，"两溪"流域已经成为周边百姓的风景线、致富线，带动沿线3万多农民实现转产转业，农民人均纯收入增加3245元，累计增收超3亿元，"两溪"流域农民人均纯收入高出全区水平11.5%，真正实现了治水美村、生态富民。

按照"每年实施两条流域"的思路，2016年，柯城进一步推进白沙溪、济源溪两条流域的河道综合整治工程，全面形成"最美溪流"的示范效应。

治水释放清水红利 一溪碧水淌财富

一个地方，如果山清水秀，空气清新，游客就会不请自来。在实现"水清、水美"的同时，柯城始终不忘做足"水之富"的文章，立足民生，科学谋划，全力打造生态家园，让那一湾湾、一片片清水造福百姓。

涧石听泉、香溪观瀑、飞来奇石……重返柯城区七里乡黄土岭村，上海游客王纪华有种恍若隔世的感觉。王纪华60多岁了，退休后就喜欢到处游山玩水。然而转了大半个中国，他还是难以忘却这个隐匿于浙西大山深处的小山村。记得2015年9月份，王纪华第一次来到黄土岭村的时候，惊喜地发现，这里不仅山水神秀，就连农户家门口都是风景。

望着着穿村而过的溪涧，王纪华忍不住赞叹道："我走了这么多农家乐，就这里河道整治和环境打扫都非常干净，河里没有一片垃圾，这是我们过来玩根本没想到的。"住下来后，王纪华发现，这一趟真的是来对地方了，"定价很规范，也很合理，避免了恶性竞争，而且农家乐老板娘的厨艺都是经过统一培训的，十分了解上海游客的口味，让我们不仅玩得开心，还吃得高兴。"

在草长莺飞的三月，王纪华再一次来到了黄土岭村度假。"一次又一次过来，每次都有变化，来了以后，我们回去都说，这里山好水好空气好，太适合休闲度假了。"王纪华说，等夏天到了，他打算再回来爬爬山、洗洗肺。在黄土岭村，像王纪华这样的回头客还有很多，当地人都戏称黄土岭为"上海村"。

黄土岭村地处石梁溪上游的七里乡，就在十多年前，这里还是柯城区最穷的乡镇，村民祖祖辈辈都靠造纸为生。而造纸产生的废盐酸、废石灰直排入水，造成村里的小溪常年都是"黄河"，连手都不能洗。2005年，当地下决心关闭了所有造纸厂，恢复了清澈水源，开办了第一批农家乐产业。

十年过去，当地凭着优良的自然环境和良好的农家乐经营，已经成为有着"小气候、原生态、农家屋、高山菜"特色的国家4A级风景区，吸引着源源不断的游客前来为"山水"买单。现在黄土岭24户人家有23户经营农家乐，村民的年均收入达到了36000元，黄土岭变成了货真价实的"黄金岭"。

"十年来生活改变还是很大的，幸亏当时开得早，走前一步，客源比其他人要稳定一点。"荷香院农家乐老板邱岳明说，十年前他还只是以种菜、养猪为生的普通农民，每年只能挣个万把块钱，勉强养家糊口，幸亏后来开起了农家乐，如今年收入已经稳定在了20多万元。对于未来，邱岳明底气十足，他还特地掏了100多万元，将一间老房子装修成了民宿，打算大干一场。

坎底嬉水、七里观瀑、鲶鱼回头……沿着"两溪"上溯，每一处转弯都是一道风景，每一次相遇都令人流连忘返。如今，"两溪"流域不仅成了城市人休闲度假的世外桃源，更成为了当地农民增收致富的无尽源泉。

在2015年浙江省五水共治工作会上，柯城区一举捧回了象征着浙江治水最高荣誉的大禹鼎，"最美两溪"模式也得到了时任浙江省委书记夏宝龙的点赞。这份荣誉，来之不易，更是实至名归。

面对现如今由浅入深、由表及里的后治水时代，祝晓农表示，柯城区将进一步深化"上下同推、水岸同治、城乡统筹、干群同心"的治水理念，"通过业态的优化，通过整线的打造，把农民转产转业、增收致富跟美丽风景线的打造融合得更加紧密。"她相信，"两溪"流域的绿水青山必将为老百姓带来更多的金山银山。

案例评析

> 作为浙西重要生态屏障，柯城区承担着"一江清水送下游"的源头责任。通过"四个一"工作机制，柯城区坚持每年重点整治两条河流，全流域推进造景美村，全方位推动转型发展，将人人避之不及的黑臭河、垃圾河变成了"最美溪流"。
>
> 柯城区"四个一"全流域统筹开发机制把农民转产转业、增收致富跟美丽风景线的打造融合得更加紧密，真正做到了用绿水青山给老百姓带来更多的金山银山。

养老不离家　垂暮不离亲

——杭州市养老服务业综合改革纪实

叶　慧

"一张床，三顿饭，有人照看。"这是传统的养老模式。但在物质生活相对富足的今天，老年人的需求越来越多样化、个性化。他们希望得到精神关爱、享受优质医疗保健、参与丰富多彩的社会生活。

回应群众期盼和需求，杭州市确立了"以居家为基础、社区为依托、机构为补充、医养相结合"的大养老目标，根据不同需求，分层级、精细化地开展养老服务业改革，探索形成了一个能让亲情"回家"的养老模式。

2014年7月，杭州市被民政部、国家发改委确定为首批养老服务业综合改革试点地区。2016年，又被列为浙江省养老服务业综合改革唯一市级试点城市。

就近就亲

截至2015年年底，杭州全市60周岁以上老年人有150.9万人，占户籍人口的20.86%，其中80周岁以上高龄老人26.9万人，失能、半失能老人约8.7万人。庞大的养老群体中，养老方式以居家为主，占九成以上。

顺时应势，杭州努力在社区居家养老服务上改革创新。通过完善居家养老服务设施布局，提升社区居家养老服务供给能力，让老年人在熟悉的环境中就近、就亲养老。

"现在我们来做手指操吧！跟着我，动动大拇指……"护理员话音刚落，89岁的孙奶奶慢慢举起左手的大拇指活动起来，脸上挂着孩子般的笑容。

2016年6月，孙奶奶住进了办在自家小区里的微型养老院——杭州市拱墅区元墅和睦养老园。这是一种就近提供集中照护服务的社区托养服务设施，主要服务对象为高龄老人和失能失智的老年人。

"辖区几个社区原先都设有日间照料中心，后来不少家庭反映最好有24小时的照料服务。"拱墅区民政局养老指导科工作人员说，一开始，建议老人去郊区养老院居住，但他们觉得子女探望不方便，新环境难适应，不喜欢。

2013年7月，民政部颁布了《养老机构设立许可办法》，将养老机构床位数的要求由50张降为10张，这为建立微型养老院开了绿灯。

拱墅区将和睦社区日间照料中心改建成社区微型养老院，引进养老服务团队运营。

元墅和睦社区养老园建筑面积只有305平方米，20张养老床位。但"麻雀虽小五脏俱全"。这里不但有提供报刊书籍的文化养生屋，供休闲娱乐的棋牌室、健身房，还有专科医生坐诊。老人房间布置得温馨亲切，很多房间墙上挂着老人年轻时候的照片和奖状。

养老院负责人朱小玲说，微型养老院设在社区，就是要营造家的氛围。

因为开在家门口，几乎每天都有晚辈前来探视。老人们对记者说："儿女们就住在这个社区，每天都来看望，拎点汤水，送点水果，方便得很。"

许多农村老人有"恋家情结"，不太习惯离土离乡住敬老院。针对这个问题，杭州市在各个乡镇和行政村建设农村居家养老照料中心，通过政府适当补贴、社会化运营、专业组织介入等方式，就近为农村老人提供日间照料、医疗保健等服务，并计划实现全覆盖，形成农村20分钟的养老服务步行圈。

从2014年开始，杭州市的农村居家养老照料中心又有了升级版：鼓励村民利用闲置房屋开办微型养老机构，为老人服务。

桐庐县分水镇塘源村村民汪亚君喝了"头口水"。她将自家闲置的房子改造成微型养老院，取名"阳光养老服务中心"。尽管只配设了21张护理型床位，但食堂、棋牌室、阅览区、小公园等一应俱全，刚投入使用就吸引了本村及周边老人入住，目前已住满。

汪亚君说，请来的3位护工都是当地村民，经过专业培训后持证上岗。只要老人乐意，他们还会领着老人们在菜园里播种、施肥、采摘，让老人们老有所为，乐在其中。

按照杭州当时的计划，到2017年，50%以上街道（乡镇）要建有面积较大、功能较全的综合性居家养老服务照料中心（长者服务中心），让老人"养老不离家，垂暮不离亲"。

医养一体

眼下有一些养老院，"养"的环境很好，而"医"的条件却跟不上。

对此，杭州市持续推进医养一体化，出台《关于推进医疗卫生与养老服务融合发展工作的通知》，鼓励养老机构把医院或诊室搬进养老院，让老人就近得到专业治疗和护理。

位于下城区的杭州馨和园颐养院就是一家拥有800张床位的医养结合养老机构。改建之初，颐养院就引进了杭州求是医院入驻，把15个楼层分为公共活动区、医院诊疗楼层和护理楼层。

在2~5楼的诊疗区，记者看到，这里共开辟了15个临床及相关辅助科室，其中内科(老年病)、ICU重症监护室、肿瘤科、康复医学科等科室，是专门为养老院老人"量身定制"的。ICU重症监护室有41张病床，设备先进，医生团队也来自大型医院的重症监护病房。

"我们有70%以上的床位是为半失能、失能老人设置的。"颐养院负责人范菁华说。房间的设计都为方便老人而设置，比如每床都配有呼叫对讲系统、吸氧吸引医疗带和无障碍卫生间，方便老人第一时间得到照料。

2016年5月，一位95岁老人因呕吐物吸到气管里，导致呼吸不畅。求是医院的医生立马给他开通气道、做辅助给氧，送往四楼的ICU重症监护室抢救。因为抢救及时，老人恢复了健康。

"医养融合是养老院发展的趋势。截至2016年10月，杭州已建成护理型养老床位3.06万张。"时任杭州市民政局副局长杨英英说。今后杭州还将继续加大支持力度，要求养老机构设置医务室或独立的医疗机构，并鼓励硬件设施较为完备、病源萎缩的一级或二级医院，以及条件成熟的养老机构转型升级为老年护理院或老年康复医院。

杭州市的目标是：到2017年前，各区（县、市）均要建设1家护理型养老机构，到2020年，实现养老和医疗护理资源共享，护理型床位比例不低于养老床位的60%。

评级挂星

到2015年底，杭州全市有各类养老机构316家，其中民办机构136家。全市床位总量6.19万张，每百名户籍老人拥有养老床位4.04张，高于北京、上海、广州等城市，居全国前列。

为了提高养老服务机构的专业化、规范化水平，杭州出台了《养老机构等级评定与划分》《养老机构服务规范》等6个地方标准，建立了较为完善的养老服务标准体系。

杭州市养老事业促进会会长但志婷说，"杭州标准"除了重视养老服务机构的规模、床位等"硬杠杠"外，更强调"软实力"。软实力体现在服务人员素质和服务品质上，例如机构拥有具备初、中、高级的护理人员以及医生、护士等专业技术人员的，就可相应加分。

"杭州标准"还强调养老机构不仅要对老年人的身体负责，更要关注他们的心理健康，注重人文关怀。另外，每个参评的养老机构必须要有消防安全证书、营业执照以及卫生防疫证书，三证缺一不可。

等级评定的情况定期公布，老百姓可以更加方便地选择养老机构。也就是说，选择养老机构，只要看看养老机构门口有几颗星就心中有数了。

杭州市民政局相关负责人说，杭州把养老机构的发展与补助挂钩，服务水平越专业、对老人越贴心的养老机构等级就高，获得的补助资金也多，从而推动养老机构上等级、提质量。

案例评析

为应对老龄化加剧的严峻形势，杭州市全力推进居家养老服务的杭州模式建设，以老年人需求为导向，以社区为依托，以社会化、智能化、专业化和精准化服务为核心，形成了"低端有保障、中端有供给、高端有市场"的分层分类居家养老服务体系。

杭州市养老服务业综合改革既满足了就近养老服务的需求，提升了老年人幸福养老的获得感，又加快了政府职能转变的速度，提高了居家养老的专业水平，更鼓励了社会力量的全面参与，促进了居家养老产业的进一步发展，为全国养老服务业提供了杭州经验。

海曙"开放空间"速攻社区难题

陈朝霞　毛一波

一张纸、一支笔，大家围坐一起，见仁见智探讨一个民生议题。2016年，马园社区独居老人、助老帮扶团、企事业单位退休人员代表等20人，用这一方法开展了关于探索老人需求的大讨论并提出对策和建议。

在海曙区，这样由居民自己集思广益帮困解难的场景，被称为"开放空间"。"'开放空间'就是敞开门邀请居民参与社区管理，亮智慧提意见。"海曙区民政局相关负责人介绍。从2013年牡丹社区在全市率先试点"开放空间"模式以来，"开放空间"已成为攻克社区居家养老、垃圾分类、五水共治、绿化养护、车棚出租、物居业协调等难题的好帮手。

激发居民参与社区事务热情

"以前，社区民主决策一般采取召开党员会议、居民代表会议的形式。参加会议和了解社区工作的居民就那么几十个人，议事的范围不够宽、代表性不够强，也很难听到不同的声音。"该负责人介绍。为此，海曙区开启"开放空间"模式，规定8个街道下属的76个社区，要全年有计划、分批次组织"开放空间"活动。

"社区停车难问题如何解决？社区地下管网该如何改造？诸如此类的问题关系到每位居民的利益，居民亲自参与其中，更能设身处地解决实际问题。"该负责人介绍。通过"开放空间"，海曙社区事务已经从过去的小众参与，转变为如今的人人参与，形成了居民畅所欲言提出意见建议，街道干部、社区负责人认真倾听民意、及时解答疑难并纳入决策的局面。

在海曙各社区的"开放空间"议事活动中，大到环境整治、社区硬件改造、困难户救助，小到防盗门维修、乱倒垃圾等，所有与会人员可自由提意见，充分激发了群众的"参政"热情。

海曙区民政局社会事务科科长徐科静认为："这样的居民民主意识方式不仅受居民欢迎，而且在搜集民情、解决民忧、缓和基层矛盾方面有了很多成功的案例，同时也培养了一支战斗力强的社工团队。"

搭起居民自治"舞台"

如今，海曙"开放空间"好戏连台，已成为辖区居民自治的"舞台"。

2016年，万安社区文化家园二期居民对有人在公共绿化带种植葡萄的事情褒贬不一。为此，社区邀请海曙区绿化养护中心相关负责人、社区居民、业主委员会、物业等代表，举办了一场"美化我们的家园"大讨论。在现场，大家针对"能否私自在公共绿地上种葡萄、如何维护社区绿化"等议题，展开了激烈讨论，并成立了由30名居民志愿者组成的社区绿化养护志愿服务队，为居民开出了绿化知识的"专家门诊"。社区党委书记金建波对此拍手叫好："大家不仅明白了小区公共绿地绿化需要经过规划和审批，而且多了一支扮靓社区的生力军，一举两得啊！"

"开放空间"自2013年推行以来，受到了居民的欢迎。云海小区曾通过"开放空间"缓解了困扰持续十几年的车棚出租老大难问题，该小区两委委员夏国安深有感触地说："'开放空间'让居民能真正参与社区事务管理，从旁观者成为主人翁。"

案例评析

　　海曙区"开放空间"模式是基层社会治理的一项工作机制，强调"伙伴、参与、分享"的理念，通过在社区建立一个便捷、平等的参与机制，促进民主协商、民主决策、民主管理、民主监督，带动基层社会组织孵化和志愿精神培育，实现治理行动与治理结构的良性互构。

　　通过建立"开放空间"模式，海曙区构建政府调控机制同社会协调机制互联、政府行政功能同社会自治功能互补、政府管理力量同社会调节力量互动的基层社会治理新格局，是推进社会治理体系和治理能力现代化的一项创新举措。

食品安全网格化智慧监管的丽水经验

陈　春　夏燕丰

发现食品生产经营单位有违法违规行为，基层食品安全协管员（信息员）通过手机上的"食安通"APP软件，以选项打钩或图片、视频、文字描述等形式就能上报食品生产经营单位的违法违规信息。

食品安全监管部门通过"食安通"或"丽水市食品安全社会协同管理平台"能第一时间收到食品生产经营单位的违法违规情况，开展点对点处理，及时处置和消除食品安全隐患，严惩违法犯罪行为。

近年来，丽水市在监管模式和技术手段上大胆创新，研发了"管理平台"和手机"食安通"APP软件，融于基层食品安全监管，全面构建基层食品安全监管新模式，得到国务院食安办的充分肯定，并将其作为"丽水经验"加以推广。

"网"字破题
食安信息从分散到资源共享

"师傅，这几盒牛奶还有半个月就过期了？师傅，这些面包进货时有没有索证索票……"

在丽水市樟溪乡大徐村，基层食品安全协管员陈厚英，每个月都到村民徐巧军的副食铺做例行巡查。这次，她发现店里有几盒牛奶快要过期了，便一边提醒店主及时注意食品有效期，一边通过手机上的"食安通"软件将上述信息上报至监管部门。

丽水地处山区，农村食品行业"低、小、散"现象较为普遍。此前，食品安全监管任务繁重与监管力量不足、监管信息不畅通、监管手段方式陈旧的矛盾十分突出。

为有效破解这一矛盾，该市从2012年开始，在原有监管部门的基础上，以乡镇（街道）为大网格、村居（社区）为中网格，中网格下设若干个小网格，每个网格配备至少1名食品安全协管员（信息员），构建起食品安全基层责任网络。截至2017年7月，该市有大网格173个，中网格2855个，小网格5377个。

基于网格化管理框架，该市研发的"丽水市食品安全社会协同管理平台"和手机"食安通"APP软件，不仅录入了全市70余家食品安全监管部门、173个乡镇（街道）、2855个村居（社区）、4264名基层食品安全协管员（信息员）、28339家食品生产经营单位的基础数据，并按照行业类别、所在区域对食品生产经营单位进行分类和网格划分，实现食品安全数据大整合、资源齐共享、信息大联通。

同时，"管理平台"还设置了信息管理、统计考核、考试管理、公文收发、会务活动等功能。

监管部门通过"管理平台"或手机"食安通"APP软件，能第一时间掌握食品生产经营单位动态信息，及时消除安全隐患。

通过平台"统计考核"功能，监管部门按区域、时间、类别全面掌握全市食品生产经营单位食品安全管理动态情况，实时分析辖区食品安全整体趋势。

基层食品安全协管员（信息员）通过"管理平台"或"食安通"软件可直接向食品生产经营单位发送文件信息，向上级网格和监管部门上报巡查信息。

食品生产经营单位通过"管理平台"或"食安通"软件能及时获知食品安全相关信息。

为了提升食品安全协管员业务水平，丽水市编印了1万册基层食品安全管理员培训教材，发放至全市各网格，并分片分区对食品安全协管员（信息员）进行培训，统一组织培训和实行考试。

"效"字入题
食安监管由单兵到协同作战

走进丽水任意一家副食品或餐饮店，你都会在显著位置发现一张二维码，上面印着各店的名称和举报投诉电话。

为了提升监管效能，丽水市给全市每家食品生产经营单位都设定一个由"管理平台"自动生成的二维码。"食安通"是"管理平台"的一个组成部分，以平台服务数据资源为支撑，与食品生产经营单位二维码结合组成移动巡查系统，具备一键呼叫、我的位置、日常巡查、监督管理四大功能模块。

食品安全协管员（信息员）现场巡查时，登录手机"食安通"，扫描食品生产经营单位"二维码"，可直接调取该单位的基本信息和以往监管信息。还可以对食品生产经营单位的违法行为进行现场拍照取证并上传，锁定违法地点，有效化解基层协管员（信息员）现场取证难的问题。同时，县、镇食安办可以在第一时间掌握巡查情况，组织执法。

为了方便协管员开展巡查检查，提高监管效率，"食安通"从"证、人、物、票、洁"五方面对巡查具体内容进行设定，协管员只需要根据设定的内容与现场情况进行对照检查，通过打钩选项即完成日常巡查，并上传至"管理平台"即可。

监管部门根据协管员上报的巡查信息，第一时间掌握食品生产经营单位动态，在人员不足的情况下，有针对性地加强监管，及时消除风险隐患；监管对象可以通过"管理平台"和手机"食安通"自查功能完成自查上报，落实企业主体责任；公众可以通过扫描食品生产经营单位"二维码"参与食品安全监管。

食品安全协管员全面巡查、监管部门重点监管、企业业主自查自管和广大群众主动参与的社会共治、协同管理的食品安全监管格局正在丽水形成。

"实"字解题
食安监管从突击到长效管理

街头巷尾的各色小餐饮店让人"又爱又恨"——他们在为居民生活提供便利的同时，也往往存在安全隐患。

2017年5月底，莲都区的紫金街道食品安全协管员吕颖英在日常巡查中，发现辖区部分小餐饮店的防尘、防蝇、防鼠设施不全。她将这一情况通过"食安通"进行了上报，迅速引起莲都区市场监管局的重视。该局及时组织人员对辖区小餐饮进行了检查，对发现的"脏、乱、差"的小餐饮店进行整顿。

丽水市市场监督管理局局长（市食安办主任）夏海国说，"管理平台"和"食安通"的运用，打破了监管部门与食品安全协管员及监管对象信息互换的障碍，切实解决违法行为发现不及时、处置不及时等问题，实现食品安全风险隐患快速发现、及时处置、有效监督。

据统计，全市协管员（信息员）已通过手机"食安通"上传日常巡查记录481210条，排查出各类食品安全隐患7204个。2016年以来，该市在食品安全协管员（信息员）的配合下，先后查处食品安全违法行为1198起，约谈违规企业1126家，查处关停非法违法企业114家，取缔黑窝点、黑作坊29个；行政立案处罚344起，刑事立案58起，涉刑人员78人，法院已生效判决34件，判处被告人46人，有力震慑食品安全违法犯罪行为。

近年来，在各方的共同努力下，丽水市食品安全保障水平稳步提高，形势总体稳定向好，食品安全群众满意度连续8年位居全省第一。

案例评析

　　为有效解决基层食品安全监管任务繁重与监管力量不足、监管信息不畅通、监管手段方式陈旧等矛盾，丽水市利用"互联网+"技术推进食品监管智慧化转型，自主研发"丽水市食品安全社会协同管理平台"和手机"食安通"软件，用较低成本实现了大数据采集，加强对各食品供应商的监管。

　　通过食品安全基层责任网络建设和网格化的监管模式，丽水市有效解决了基层食品安全监管信息交换不畅、信息不能互通共享、监管手段落后等突出问题，大大提高了监管效能，有效促进了食品生产经营单位主体责任的落实，在日常隐患排查、加强人员管理、快速消除风险等方面发挥了积极作用。

乡贤助村

秦德胜

2017年年初，绍兴市袍江开发区孙端镇皇甫庄村的文化礼堂正在建设中。村干部李俊芳说："礼堂由村集体和乡贤参事会共同出资，落成后将为村民提供丰富的精神食粮。"

近年来，在乡贤参事会的参与治理下，皇甫庄村逐渐改变了落后状态，成为远近闻名的先进村。

乡贤助村，回报乡梓，绍兴农村治理又多了一种新模式。

乡贤反哺

何谓乡贤？"乡贤"就是本乡本土有德行、有才能、有声望、被当地群众尊重的贤人。

越城区孙端镇是绍兴较早发起乡贤参事会的乡镇。孙端镇人口3.92万人，其中有1万余人在外创业，主要从事建筑房产和小商品经营，老百姓较为富裕。然而，相比个人财富，全镇绝大部分村集体经济薄弱，公共事业难以开展。

为引导外出乡贤关心家乡、反哺农村，孙端镇党委政府于2012年下半年启动村级乡贤会工作。

新河村于2014年建起了乡贤参事会，首批会员以外地创业成功的企业家为主，还有部分村内德高望重的老干部。乡贤们为家乡的发展慷慨解囊，成立了总额达1500万元的新河村乡贤慈善基金用于村级公益事业。自成立以来，从养老照料中心、便民服务中心、文化礼堂到文化广场项目，基金会均给予了大力支持。

更富桥、中新桥、富民桥……孙端镇榆林村四面环水，村内共建有大大小小24座桥梁，共中17座桥是在乡贤的捐助下建起来的。村党支部书记许宝奎说，榆林村集体经济薄弱，但走出了不少成功的企业家。2014年，在上海从事建筑房产生意的潘根富回村探亲时发现，由于村南头桥梁过窄，村里还没有通到绍兴市区的公交车。他当即决定为村里修桥。2015年，富民桥通车，38路公交车从此每天从迪荡新城开到榆林村口。

成立乡贤参事会后，企业家们在修桥铺路、扶危济困、捐资助学等事业中担当主力，榆林村的基础设施也有了很大改善。

乡贤反哺乡村，不仅有资金回归，回乡创业者也有不少。像皇甫庄村党委书记陈成松、许家埭村党支部书记许国潮都是外出乡贤回村任职的典型。此外，还有一批乡贤充分发挥自身优势，积极参与集镇开发建设，带回了一系列建筑项目，改善了集镇形象。

截至2017年1月，绍兴市已建立村级乡贤参事会1616个，占行政村总数的62%，会员1.69万人。

参与治理

"党员先锋，乡贤助力，干部走亲，新村民融合。"在柯桥区安昌镇大山西村的陈列窗里，一个大大的"家"字十分醒目。村党委书记徐志连说，用"家"的理念治村，是大山西村的一大特色，而乡贤参事会，正是家庭成员中不可缺少的组成部分。

徐志连说，大山西村的乡贤内涵广泛，包括了党员干部、企业家、老同志、社会名人、民间人才、专业技术人员、在本地创业的优秀外来人才等，共有58名成员。

"新乡贤都是在村里具有较高道德声望的人，他们为村庄建设和治理发挥了重要作用。"徐志连说。像在违建拆除过程中，有的村民起初并不配合，他请乡贤会里的老干部出面做说服解释工作，一个电话问题得到解决；村里要建农民公寓，他请在区里工作的乡贤帮助了解政策。乡贤参事会还建立起决策建议"智囊团"、创业致富"导师团"、纠纷调解"老娘舅"、乡风文明"督导组"等服务团队，定期不定期开展各类活动，发挥不同领域乡贤在服务本村公共事务决策、群众创业致富、矛盾纠纷调解等方面的作用。

实际上，在调解纠纷和矛盾中，乡贤具有得天独厚的优势。

在孙端镇，不少乡贤参事会成立纠纷调解室。63岁的新河村乡贤会"老娘舅"工作室主任陈志江，原先在武汉、义乌等地经商。回村后，他潜心研究新河村的乡土文化，一边编写村志，一边大力宣传乡风乡俗，参与到村庄的道德建设中来。经他编写的一句句格言警句，被制作成标语张贴或粉刷上墙，形成潜移默化的正能量。

在榆林村，老支书何来根也办起了老何调解室，参与到村民矛盾纠纷的调解中来。"老何就是我们村里的定海神针，有他出面，没有化解不了的矛盾。"村委会主任许彩芬说。

迎来质变

怎样更好发挥乡贤参事会在村庄治理中的作用，这是绍兴各地和有关部门思考的课题。

在诸暨市江藻镇，镇党委政府充分发挥在外知名人士的带动效应和乡贤理事会作用，在促进诸商回归的同时，也引进各类贤达之士，

在教化乡风、引领风尚中发挥作用。

"作为地方党委政府，要着力营造一个学乡贤、做乡贤的良好氛围，把乡贤的力量激发出来，成为推进地方治理的重要力量。"时任江藻镇党委书记田海斌说。江藻镇通过修建钱氏祠堂等方式继承和发扬先祖贤德，激发爱国爱家情谊，同时深入挖掘历史底蕴，依靠江藻乡贤、文化名人的效应，提升整个江藻的知名度，把深厚的人文沉淀转化为推动经济发展的巨大能量。

这样的行动收到了成效。几年来，新乡贤柴汉峰为修建浦阳江大桥出资100余万元，为建造乡村文化礼堂捐资200万元，为雁宿湖改造又捐赠100万元。新乡贤钱治辉成立"治辉助学基金"，回乡成立注册6000万元的玉丰玉文化产业园。"我希望乡贤当中好的品质、思想、文化能够得到传承，通过乡贤提升文化价值，树立榜样，使每一个人做事有标准，做人有原则。"中国田野考古学者、上海著名作家，同时也是江藻乡贤的钱汉东等人，则为传承江藻乡贤文化而身体力行四处奔走。

孙端镇党委副书记朱晓燕告诉记者，乡贤治理已成为孙端镇基层治理的重要武器。为弘扬乡贤文化，孙端镇拍摄了乡贤题材微电影《归乡》，开通了乡贤微信公众号"外婆家孙端"。这段时间，还在修建全新的孙端乡贤馆，宣传乡贤参事议事、回乡创业、报效桑梓的嘉言懿行。

"乡贤参事会不仅要帮助村庄发展公益事业，还要在村庄治理中发挥更大作用。"市委政法委副书记马永定说。绍兴将以乡村治理现代化为目标，以基层党组织为核心，以乡贤文化为支撑，加强领导，健全机制，规范完善，正面激励，推动乡贤文化进一步发扬光大，更好发挥乡贤参事会在基层治理中的作用，推动基层治理体系和治理能力现代化。

案例评析

　　乡贤及乡贤参事会参与现代乡村治理，是绍兴乡村治理的一个特有现象。广大乡贤及其乡贤组织积极参与农村公益事业建设、矛盾纠纷化解、社会治理以及"美丽乡村""平安绍兴"建设和"五水共治""三改一拆"等中心工作，并发挥了重要作用。

　　绍兴以培育和发展乡贤参事会为切入点，积极发挥乡贤、乡贤组织的作用，创新农村治理新模式，提升了农村治理能力和水平，为解决乡村治理问题提供了一个新的视角和方法。

反家暴工作的"温州模式"

王丹容

从发布全国首个反家暴政府令，到相关经验在全国推广，温州用10年时间，集社会之力，建立了涵盖事前、事中、事后的反家暴网络。

2016年11月下旬，温州迎来第11个"反家庭暴力周"。2016年3月1日起实施的《反家暴法》，一纸全国性法律有八项温州元素。2016年全国"两会"，温州反家暴经验写入最高人民法院工作报告……

2006年至今，温州在反家暴工作中进行了一系列大胆探索，创造了反家暴工作的"温州模式"。

家庭暴力是一个受到社会普遍关注的社会问题。据统计，在温州市妇联系统妇女维权信访件中，七成涉及婚姻家庭内容。其中，家暴案件占比在婚姻家庭类案件中排位第一，且家暴受害者中，90%以上都是妇女。

"在不少地方，消除家暴面临着现实难题。"温州市妇联分管领导说。"家丑不可外扬""法不入家门"的传统思想，曾让遏制家庭暴力遭遇法律上的障碍。一些执法机关认为家庭暴力是家务纠纷，总觉得"清官难断家务事"，也让反家庭暴力工作陷入困境。

为在全国率先破解这一难题，2006年，温州开始了反家暴工作的创新探索。

当时，在温州市妇女发展规划中，已经提及以政府令的形式出台相关反家暴的规定，但尚没有实践。依据这一规划内容，温州市妇联积极呼吁，推动温州市政府在2006年10月24日审议通过《温州市预防和制止家庭暴力规定》，并于11月15日起实施。这是全国首个为预防和制止家庭暴力颁布的地方政府令。

这一"政府令"，明确了温州市各级公检法司、民政、工会、共青团、妇联等组织的职责分工，及时受理家暴投诉，且将家暴报警纳入110警务受理范围，要求公安部门接警后迅速出警，若不及时出警将给予纪律处分。温州受家暴妇女从此有了"110"的保护。

此外，温州市明确设立家暴庇护场所，将每年11月25日"国际消除对妇女暴力日"所在的那一周，确定为温州市"反家庭暴力周"。

开通反家庭暴力服务热线，率先确立反家庭暴力工作专项经费……在温州，一系列措施的出台，使得更多的人意识到家庭暴力已不仅仅是道德问题和"家务事"，运用社会力量制止家庭暴力的观念也逐渐深入人心。

解读《反家暴法》，温州市妇联权益部工作人员逐条找出其中的"温州经验"：家暴告诫制度、人身安全保护裁定制度、人民调解组织依法调解、提供法律援助、提供家暴庇护场所、进行反家暴宣传、协助伤情鉴定等。

"国法"中的"温州经验"，彰显的是温州这10年大胆实践的成果。

从全国首个反家暴政府令将反家暴工作纳入规范化、制度化轨道起步，温州用十多年时间、集社会之力，打造出涵盖事前、事中、事后的反家暴网络。

事前预防，打造"防火墙"。连续两年开展百场家庭普法讲座下基层活动和婚姻家庭危机干预项目。两个项目均采用政府购买形式，借助社会组织力量开展反家暴工作。在婚姻家庭危机干预项目中，邀请的心理专家在摸底调查、心理测验基础上，开展心理援助、家庭和谐文化建设等方面服务。统计显示，从2015年至2016年7月底，共建档159个，服务对象197户。连续10年开展声势浩大的"反家庭暴力周"宣传活动、三八维权周、12·4法治宣传日、公众庭审开放日、反家暴主题公园……这一系列的宣传教育，致力于千家万户的和谐。

事中干预，撑起"保护伞"。2013年，温州市妇联联合法院、公安等五部门出台《温州市家庭暴力告诫制度实施办法》，率先在全省全面推行家庭暴力告诫制度。随后，温州市公安局率全省之先，确定鹿城区南郊派出所为基层派出所家暴投诉受理规范化操作试点单位，并在基层派出所全面推广试点经验。干预家暴工作，也纳入警察学校干警培训课程，温州成为继长沙之后，全国第二个开展大规模警察干预家庭暴力培训的城市。此外，温州还成立婚姻家庭纠纷人民调解委员会，率先在全省实现市、县两级婚调委全覆盖。

事后救济，构筑"安全网"。

2008年，温州龙湾区人民法院作为全国首推9家涉及家暴民事审判试点单位的基层法院之一，发出我省第一份人身安全保护裁定。

2010年，温州市、县两级人民法院率先在全省成立反家庭暴力合议庭，全面推行"人身安全保护裁定"。

2012年，温州市被最高人民法院确定为首批涉家庭暴力刑事案件审理试点城市之一，率先制定出台《关于审理涉家庭暴力刑事案件的指导意见(试行)》。

2013年3月25日下午，瑞安市人民法院陶山法庭发出一份特殊的人身保护裁定——"远离令"，并于2015年首次将"财产保护"列入反家暴"保护令"。

2015年，市中级人民法院在两起因家暴引起的以暴制暴故意杀人刑事案件庭审中，创新引入专家"证人"出庭制度，成为适用"两高两部"意见的温州样本。

2015年，龙湾法院再创新举，打破人身安全保护裁定一般适用于诉讼期的惯例，发出全省首例离婚判决后的人身保护令，保护受暴者在离婚后免遭伤害。

目前，温州市、县两级反家庭暴力庇护站、妇女儿童伤情鉴定中心均已成立并将帮助受暴妇女纳入"法律援助绿色通道",进一步加强对受暴妇女的维权救助。

2016年,最高人民法院将温州市中院列为家事审判改革试点,探索建立"党委领导、政府支持、综治协调、法院推动、社会参与"的多元化纠纷解决机制。目前,鹿城、平阳法院已成立了家事审判庭。各地法院积极探索心理疏导机制、离婚冷静期、判后回访制度、离婚证明制度、反家暴"维和队"等,更好服务家事案件当事人。

"这一项项的创新之举,不断构建上下联动、左右策应的工作机制,逐渐形成了反家暴工作的温州模式,开辟了国家公权力介入家庭暴力防治、处理家庭事务的新路径。"时任温州市妇联主席林琼如告诉记者。

案例评析

家庭暴力会对家庭成员造成极大的身心伤害,是人们普遍关注的社会问题。温州反家暴工作模式开辟了以法律为基础、政府与社会合作的网络防治家庭暴力、处理家庭事务的新路径。它既符合反家暴工作的复杂实际,也能有效保护受暴者的正当权益,是一个可复制、可推广的模式。

绍兴破解"企业污染政府埋单"困局

陆　遥

　　发生环境污染，往往依照"谁污染、谁治理"的原则进行处置。然而，有的污染事件短期内很难明确造成了多少损失、责任人要承担多少责任，给治理带来难题。

　　绍兴为此作出先行探索。2014年起，绍兴市被国家环保部列为全国环境污染损害鉴定评估工作试点市之一。2016年1月，绍兴市的试点工作，通过了环保部政策法规司组织的阶段性评估。

　　此外，绍兴市还成为浙江省生态环境损害赔偿制度改革试点。这一试点，使得环境损害鉴定评估工作的成果得以通过环境损害赔偿等制度，最终落到实处、收到实效。据了解，该试点目前被列为浙江省全面深化改革重点突破项目之一。

有效鉴定污染损害

　　环保部门在实际工作中，往往会遇到污染事件损失数额评估难、罚款数额难以确定的情况。而在依法行政的工作要求下，如何科学、依法处置每一起污染事件，让责任方充分担责，最大限度减少社会和百姓的损失，成了环保工作的当务之急。

　　环保工作的核心是什么？"环境质量。"绍兴市环保局局长何伟仕坚定地说，"罚款不是最终目的，在充分警示环保责任人的同时，如何消弭因为污染行为造成的环境损失，提升环境质量，才是环保工作的核心，也是我们每一名环境工作者的追求。"

为此，绍兴市从2011年起开展了环境污染损害鉴定评估工作。"只有经过科学系统的评估鉴定，才能准确地确定企业和个人在污染事件中，究竟造成了多少损失，需要承担多少责任。"何伟仕说。

到2014年9月，这项工作被环保部批准为全国环境污染损害鉴定评估工作试点，并要求绍兴市环保局力争在推动地方立法、环境技术规范、健全管理制度、尝试司法鉴定以及加强能力建设等方面探索、创新，为全国环境污染损害鉴定评估工作的顺利开展提供经验。为此，绍兴市在试点工作中，形成了《绍兴市环境污染损害鉴定评估试点工作方案》，使得绍兴市的环境污染损害鉴定评估工作得以深入推进。"2015年，全省环境污染事件没有一起是较大环境事件（Ⅲ级）以上的，均为一般环境事件（Ⅳ级）。"何伟仕说，"这说明环境损害赔偿应当是以局部损害为主体的，可能是相对而言数量较多但损害在一定范围内的。"何伟仕认为，对这些污染损害的管辖，以基层为主，因此更需要建立健全基层环境损害鉴定评估机构。据了解，在绍兴市构建环境污染损害鉴定评估机构之前，浙江省只有省一级的专门鉴定机构。

鉴定能力的缺失，也使得不少环境污染案件无法进行科学有效的损害鉴定。如今，绍兴市以绍兴市环保科技服务中心为环境污染损害鉴定评估实体，挂牌成立绍兴市环境污染损害鉴定评估中心，配备7名环境污染损害鉴定评估人员（其中高级职称3人）专职从事环境污染损害司法鉴定评估工作。同时，绍兴市还联合市环境监测中心站、绍兴市环境监控中心以及绍兴市固废中心等3家单位，加强与绍兴市质检、水利、国土、卫生、农业、林业、水务等多部门的联系，借助这些部门的技术资源和手段，组建起一支强大的环境污染损害鉴定评估团队。

精确评估厘清权责

2015年2月，绍兴市发生了一起较为严重的环境污染事件。地处绍兴的浙江昌峰纺织印染有限公司越城区地块，存在严重的未批先建、超标超总量排污等违法行为。由于该地块地处鉴湖水环境保护区范围，致使当地水环境受到严重污染，沿企业围墙的河道甚至成了一条800多米长的污水沟。

发生这一情况后，绍兴市环保局对该公司下达了停产整治决定书。与此同时，绍兴市启动了对此次水污染事件的环境损害评估工作。

这份长达13页的评估意见书一直放在何伟仕的办公桌上。意见书详细记述了此次污染事件的基本情况、评估基本方案、评估过程和分析以及最终评估结果，还附有相关照片、绍兴市环境监测中心站出具的检测报告、涉事企业的平面图，以及评估工作依据的水环境和土壤环境质量标准。

为了充分论证企业排污与当地水环境被污染之间的因果关系，评估小组还专门调查确认了该厂房东侧围墙200米范围内没有工业企业存在。此外，对其厂区边的排水沟、农灌渠、农田及入河口河流水质进行监测。

评估报告精确计算了被污染水沟的污水量、淤泥量。评估意见书最终核算出处置此次环境损害的总费用为120万元，其中包括污水处理、底泥挖掘清理、污泥运输及处理等费用。

据了解，到目前为止，绍兴市已经完成环境损害鉴定评估案例18个，追缴18家环境损害责任单位污染损害赔偿金500余万元。评估鉴定结果运用到刑事案件审判8项，已判决的案件有6项，19名被告人因污染环境罪被追究刑事责任。此外，绍兴市环保科技服务中心还被浙江省高级人民法院纳入浙江法院系统对外委托机构信息平台，并被列入环保部环境损害鉴定评估推荐机构名录。

赔偿金解燃眉之急

在环境污染损害鉴定评估试点工作顺利开展的前提下，绍兴市成为浙江省生态环境损害赔偿制度改革试点。为及时处置各类污染事件，2015年8月，绍兴市出台了生态环境损害赔偿金管理暂行办法，并设立"生态环境损害赔偿金账户"。据了解，该资金的来源为法院判决无特定受益人的生态环境损害赔偿金；企事业单位（个人）自愿定向捐赠或调节的资金；经有资质的环境损害鉴定评估机构认定，追缴的环境违法企事业单位（个人）的生态环境损害赔偿金；上级补助；财政拨款；

其他收入等。

这项制度的引入，使解决环境污染事件有了资金保障。前述浙江昌峰纺织印染有限公司等水污染事件中，生态环境损害赔偿金便派上了用场。在发现污染事件后，环保部门已经敦促企业及时在污水沟筑坝，拦截受污染河水排入鉴湖。但是由于连日大雨，污水沟水位不断上涨，污水极有可能溢出并排入鉴湖造成污染，情况紧急。

按照"谁污染、谁治理"原则，评估得出的120万元应急处置及修复费用应由涉事企业承担。但此时该企业已经倒闭，厘清其中的权责关系尚需时间。情况危急之时，生态环境损害赔偿金专用账户发挥了作用，修复治理方案经过审批并被市政府采纳后，120万元治污资金迅速到位，确保治污工作及时有效展开。绍兴市环境监测中心站数据显示，治理后，污染事件涉及的两个地表水监测点的pH、COD、氨氮、重金属汞和铅较修复前明显改善，水质也由原来的V类水提升至III类水。

案例评析

绍兴市自2016年以来，积极推进生态环境损害赔偿制度改革，探索建立环境损害鉴定评估、赔偿磋商、磋商与诉讼衔接制度、资金使用管理和生态修复等生态环境损害赔偿制度体系，为浙江省乃至全国的生态环境损害赔偿制度改革试点的深入开展提供了成功经验，为建立政府主导的生态环境损害赔偿解决途径，加强新形势下的生态环境保护工作，积累了宝贵经验，这一在全国独创性的工作具有非常重要的示范意义。

农村污水治理有了专业管家

任 平

针对农村污水处理设施养护少、管控难的新问题，三门县通过引进专业环保公司，实现了运维的正常化、智能化。

在推进"五水共治"的过程中，三门县在全县437个村建成了污水处理设施。然而，由于站点多、分布散，传统的管理方式又缺乏技术支撑，造成农村污水处理设施养护少、管控难的新问题，实际的污水收集率和处理率低于预期，没有实现最佳治污效果。

三分建，七分管。三门县积极探索"五位一体、四化同步"的农村生活污水处理运维模式，通过市场运作、分类试点、机器换人等举措，规范后期管护，补上运维短板。2016年被国家住建部列为全国100个农村生活污水治理示范县。

专业人做专业的事

如何运行维护好农村污水处理设施，一开始，三门县有两种方案：一是政府组建乡镇运维站点，在各乡镇派驻人员专职负责；二是运用政府购买服务的方式，引入第三方环保公司，让专业人做专业事。

经过权衡比较，三门选择第二方案，并采用"TOT+BOT"模式，选定拥有国企背景的专业"管家"——浙江富春紫光环保股份有限公司来运维。

"富春紫光是行业翘楚，在污水处理上有丰富的经验优势。委托这样的专业公司打理，有技术保证。"三门县建设规划局重点办主任方土说。如果政府自己组建团队，很难招到专业技术人员和管理人员，政府投入的资金会更多。

落实好技术服务团队后，三门县设计了城乡一体治理污水的方案。根据全县三大污水处理厂的服务半径，将各乡镇（街道）分成三大区域，建立运维管理中心，富春紫光环保公司在每个运营中心派出3~5名专业技术员，对全县农村生活污水处理运维进行统一管理。

三门县亭旁镇赖家村污水管道的窨井出现满溢问题。不到半小时，运维人员陈其云就赶到村里，拿出一个带探头的机器人，放进管道找到了"病源"：一块石头卡住了管道。随后马上进行了疏通。从发现问题到处理完毕，前后仅用了一个小时。

据悉，富春紫光环保公司除了定人定期巡查各个污水治理站点的设备、水质外，还负责监控各污水处理厂的出水水质，除每天早晚取水样监测外，还利用在线监测技术进行监控，一旦水质超出标准，中控室的监控系统就会发出警报。

委托专业公司运营，不仅技术过硬，还节省成本。据省农办测算，自建终端处理的自然村每年污水处理设施的基本运维费用至少需3.55万元，而三门每村的设施运行维护成本却能减速少三分之一。同时机器设备的故障率大幅降低，机器设备的使用寿命延长了3~5年。

农村治污因地制宜

海润街道正屿村是三门县最早建设生活污水治理工程的行政村。污水治理采取分散处理工艺，以"化粪池+格栅井+厌氧沉淀池+人工湿地+生态塘"的模式施工。

村口一块满眼绿茵的小花园，看似普通，下方却收集了全村污水，经过厌氧等工艺，污水被净化成汩汩清泉。

三门县治水办主任王忠强说，三门的农村治污水遵照因地制宜的原则，根据各村的村庄规模、地理位置、经济水平、管网条件，设计了不同的治污方案，采取不同的治污工艺。目前实施的农村治污运维模式就有六种，包括设备一体化模式、"厌氧+人工湿地"模式等。

与此同时，三门以县域三大片区的污水处理厂为运维管理区域中心，以半小时为服务半径，大力推进配套管网建设，两年新建管网140多千米，将周边行政村经过初治理的水收集汇流到污水处理厂再处理。

三门各村分类实施，因地制宜建设污水处理设施，并得到专业机构的统一运维，保证了农村生活污水稳定达标排放。据监测，各乡镇（街道）污水排放水质均达到国家二级以上，有效改善了农村环境面貌。

运行维护智能化

在珠游溪畔，一幢小木屋格外显眼。"这是微型水质自动监测站，代替人工24小时对河道进行不停歇的监测。"工作人员介绍说，像这样的在线监测设备，已在海游、海润、沙柳等地安装投用。

2016年4月以来，北京尚洋公司在全县开展水质自动监测站及系统建设，每个监测站站房及设备投入约50万元，并由该公司安排专业团队负责后期的维护管理。政府负责站点的"三通一平"，并以每站每年14万元左右的标准购买水质检测数据。

参照三门前期已建成的其他水质在线监测系统，这一合作模式的价格优势明显。比如，沿海工业城污水厂在线监测系统仅设备投资就需要54万元，另外年均运行维护还需要12万元。

"通过监测数据来说明环境问题、说明责任、说明效果。"项目总监王毕考告诉记者，传统治水采购设备现在采购数据，这一模式可以提高数据的准确性，降低50%投资成本，大大缩短建设周期，减轻政府环保的设备运维管理难度和复杂性，使项目实施风险大幅下降。

三门县还添置清淤车、管道检测机器人等先进设备，提高运维效率。"运维想要实现智能化，离不开硬件和软件的双重投入。"方土说。除了硬件的投入，该县还采用"互联网+技术"的模式，将NFC、APP、GPS技术与"三门·天地图"地理信息平台相结合，通过在线监测和信息采集、报警等功能，实现远程监控以及日常维护和数据分析汇总。

接下来，三门将把全县393个村纳入智能运维信息系统，使全县农村生活污水治理站点智能运维覆盖率达到90%。

案例评析

治水工作涉及面广、技术要求高，三门县积极探索农村生活污水设施运维管理，建立了"四化同步、五位一体"的城乡污水设施一体化运维机制，在一定程度上破解了农村生活污水处理设施站点多、管控难的困境。

三门县以"保水质、低成本"为目标，引入专业的市场力量参与治水的工作方法，既缓解了地方财政即时支付压力，又有效解决了专业人才不足等问题，从而提高了公共资源的配置和运行效率，为全省农村生活污水运维管理提供了样板。

义乌出租车改革搅动"一池春水"

董碧水

滴滴、快的、Uber等专车的强势崛起，正在颠覆传统的出租车市场秩序。在此背景下，出租车行业的改革越来越受到全国关注。

2015年5月，浙江省义乌市出台《义乌市出租汽车行业改革工作方案》，这份涉及出租车营运权使用费、出租车数量管控、车费定价等热点话题的改革方案正受到社会热捧，被誉为中国出租车行业消除垄断的"破冰"之举。

按照改革方案，在2018年完成出租车改革之后，义乌将全面放开出租车市场的准入、数量及价格管制。而根据计划，2015年，义乌出租车司机的"营运权有偿使用费"将从1万元降低到5000元，过去几个月多收的部分也将退还给出租车司机，2016年将全面取消出租车"营运权有偿使用费"。

记者获悉，从2015年6月4日开始，义乌已逐一向出租车司机部分返还已交的"营运权有偿使用费"。

出租车司机收入不高

义乌地处浙江中部，因小商品批发市场闻名全球。但与国内大多城市一样，义乌也一直对出租车行业实行行政许可和总量控制制度。

与许多城市一样，以特许经营名义对出租车市场进行的数量控制和准入限制，导致的结果是，得到运营资格的出租车公司就此高枕无忧、坐收渔利。而数量的管控，使得出租车越来越不适应城市人口增长和公众出行需求，带来的是打车难等问题。

据了解，义乌共有出租车1330辆，6家公司参与营运，其中2家国资，4家民营。

由于数量管控与公司化经营，每一个要在义乌开出租车的司机，都必须向这6家出租车公司中的一家租用包括营运牌照在内的营运车辆，除了押金，司机要向公司缴纳包含营运权有偿使用费、车辆折旧费、保险费、企业管理费用、座套清洗费和国家税收等在内的费用，也就是俗称的"份儿钱"。

在义乌，尽管各出租车公司收取的"份儿钱"有差别，但大都在每月1万元左右。

当地开出租车的孙师傅告诉记者，他和另一位司机分早晚班开出租车，每天交纳的"份儿钱"是330元。"一天收入近500元，减去份子钱、油钱和饭钱，一天的纯收入不到150元。"

孙师傅说，为了增加收入，义乌的出租车司机基本都会拼客，但即使这样，一天的纯收入也就200元左右。

硬币的另一面是，义乌每日外来的采购商有数万人，常住和流动人口加起来200多万。义乌出租车数量在浙江城市中排名第五，但出租车利用率达70%。

"一般情况下，超过65%就应该增加运力。"时任义乌市运管局出租车管理科科长龚一昌说。这些年，义乌城区面积扩大了好几倍，但从2008年开始，义乌七年间没有新增过一辆出租车。

"车辆没增加，需求却不断扩大。严重的市场供需矛盾，造成出租车拼客盛行、黑车泛滥，市民对出租车的怨言越来越多，打车难问题越来越严重。"龚一昌说。

在义乌运管部门看来，出租车改革势在必行。

"动的是政府的奶酪"

此次义乌出租车改革，取消原本向公司收取的"营运权有偿使用费"备受关注。

有观点认为，出租车牌照及牌照使用年费制度，是造成打车难的主要原因，这种制度一直以来饱受诟病，但却多年难有改变。

"取消营运权有偿使用费，动的是政府的奶酪。"当地交管部门的有关人士说。以义乌为例，政府收取的营运权有偿使用费，一辆车每年约1万元，按到2015年年底1500辆出租车计算，每年的收入就有1500万元。而在一些城市，仅此一项，年收入甚至可达几亿元、十几亿元。

2015年6月4日，义乌的6家出租车公司发出通知，并逐一向出租车司机返还出租车营运权有偿使用费。

46岁的王师傅来自安徽，是浙江恒风交通运输有限公司的驾驶员，他说自己已接到公司通知，"每月有420元。一年下来能多出5000元。"

据了解，政府取消的"营运权有偿使用费"，占出租车驾驶员上交的"份儿钱"的10%左右。"钱虽然不多，但总比没有好。"王师傅笑着说，这也算是享受改革带来的实惠了。

浙江恒风交通运输有限公司副总经理胡晓生表示，明年政府取消1万元"营运权使用费"后，司机每月就可以多出近千元收入。"这个钱是给一线司机的，二手承包车主拿不到。"

义乌市运管局相关负责人表示，取消"营运权有偿使用费"的目的，是让出租车驾驶员的"份子钱"降下来，"谁开的车就把减免的钱给谁，必须绕开'二手'车主"。

除了取消营运权使用费。2015年5月13日，义乌还通过公开招选摇号，组建了5家新的出租车公司，同时新增出租车250辆。

这也被认为是义乌出租车改革、打破垄断的"破冰"之举。义乌市运管局称，这是义乌此次出租车改革过渡期的重要一环，"之后，将有更多公司进入出租车经营领域"。

楼显明是此次参加公开招选摇号的中签人之一。通过注册，之前主业是纺织的楼显明成为了新公司——义乌市顺凯出租车客运股份有限公司的法定代表人。

"政策放宽了，我们才有机会参与。"楼显明看好义乌的出租车市场，并认为

"市场很大，有潜力。"

据介绍，到2017年年末，义乌的出租车数量将增加至2000辆，"通过竞标的方式，分配给包括5家筹建公司在内的11家出租车公司。"义乌市运管局负责人说。

由市场调节出租车行业

按照方案，从2018年开始，义乌将有序开放出租车市场准入和数量管控，盘活出租车经营方式，建立由市场调节的出租汽车准入与退出机制。出租车价格也将由目前的政府定价逐步转变为政府指导下的行业自主定价。

方案同时明确，改革中将"引导多种营运模式，加快发展约租、驻点、包车等新的营运服务模式，引导经营企业推出人工电话召车、手机软件召车、网络约车等多种电召服务方式。鼓励移动互联网与出租汽车行业融合创新，建立和引进网络约租车平台"。

"形成多种经营主体、多种服务方式，行业发展规模与人民群众需求相匹配、服务质量和城市转型相统一、行业进步与市场发展相适应的出租车市场化运营体系与监管体系。"

义乌道路运输管理局负责人表示，出租车行业将由现行的行政许可制向市场配置转变，政府职能将由管理向公共服务转变。

据悉，义乌出租车行业改革得到了交通运输部的密切关注。交通运输部支持义乌先行先试探索适合中小城市出租车改革和发展的举措，为全国出租汽车行业改革提供借鉴和示范。

长期以来，"打车难""出租车份子钱高"的问题，加上近来滴滴、快的、Uber等互联网约车平台的搅局，使出租车行业不断受到市场冲击。很多评论表示，出租车改革能否破局，关键在于各方的利益调整。

业内人士认为，出租车行业"病根"非常清楚，解决方法也不复杂，关键在于打破垄断，放开出租车市场，让市场在资源配置中起决定性作用。"把市场的交给市场，政府做好监管和服务就行。"

案例评析

　　为有效破解义乌市出租汽车行业发展中的难题，义乌市通过放开出租车数量管控，放活出租车经营方式，强化经营企业主体责任，加快行政许可向市场配置转变、政府管理向公共服务转变，构建了公平竞争、有序运营、服务优质、监管有力的出租车市场体系。

　　义乌的出租车改革走在了全国前列，为推动全国出租车、网约车改革作出了探索与实践，的确可谓之"中国出租车行业消除垄断的破冰之举"。

实施"项目中心制"跑出建设加速度

曹 玲 王 栋

2016年，注定是舟山群岛新区发展史上浓墨重彩的一年：中央同意设立浙江自贸试验区，主要任务是探索建设舟山自贸港区；国务院同意设立舟山江海联运服务中心，总体方案获国家发改委批复；波音完工和交付中心落户舟山……

诸多国家战略举措落户舟山，实践的路径在哪里？美好的蓝图如何变为现实？

关键在于项目。我市创新实施"项目中心制"，以项目为王，干出新区建设的速度与激情。

这"速度"来自于——问题一线发现、一线研究、一线解决，一切围着项目转。亮出清单，挂图作战，重点重抓，形成新攻势。

这"激情"来自于——项目业主单位、施工单位、政府部门通力合作。全市干部群众拧成一股绳，劲往一处使，产生新动力。

"就应该这样抓落实！"这是时任浙江省委书记夏宝龙给予舟山"项目中心制"的高度肯定。

以项目为王，激发新区建设新动力

项目是支撑产业发展的载体，是新区创新突破的主攻方向，更是实施国家战略的有效抓手。新区要跑出发展加速度，关键支撑与核心动力在项目，尤其是"三重"项目(即重大在建项目、重大在谈项目、重大谋划项目)的建设推进。

新区党工委、管委会和市委、市政府坚持把抓项目、促项目作为一项极其重要而紧迫的政治任务，抢时间、争进度、抓改革、强服务，全力推动项目快落地、快实施、快见效。

我市围绕项目推进中存在的理念、项目、机制、效率、要素、干劲等短板问题，深入实施以"四个一"(即一个责任领导、一个指挥部、一个支撑平台、一套政策体系)为核心的重点项目推进机制，不断完善项目审批、责任倒逼、联动督考等配套机制。

2016年，每个"三重"项目均确定了一名市级领导作为第一责任人，市委、人大、政府、政协等领导挂帅一线，除特别重大事项提交新区发展联席会议、市党政联席会议审议外，项目建设具体事项全权由责任领导协调指挥，切实提高了决策效率。

"三重"项目实现指挥部(工作组)全覆盖，项目常务副总指挥(组长)实行"点将制"，业务力量从全市范围抽调，集中办公，先后抽调业务骨干80余名。

超半数"三重"项目搭建了支撑平台。组建了舟山石化园区投资发展有限公司、浙江舟山北向大通道有限公司、浙江中澳现代产业园有限公司、新奥(舟山)液化天然气有限公司等17个项目公司、投资公司，组建率超65%，有力支撑了项目实体运作。

"一项目一策"制度推行顺利。出台了舟山国家远洋渔业基地建设若干意见、特色小镇规划建设工作实施意见等11个相关政策文件；召开项目推进专题协调会233次，编发会议纪要104期，推动了相关具体问题的解决。

"四个一"机制的实施，破解了"决策缓慢、推诿扯皮"顽疾，提高了决策、执行效率，一批重点项目推进速度明显加快。

在定海富翅门大桥施工现场，火热的立功竞赛势头一直未减，2016年年内完成大桥主桥和同航道桥的海中桩基作业。富翅门大桥建成后，将实现甬舟高速公路与宁波舟山港主通道公路及329国道舟山段的快速有效连接，为舟山江海联运服务中心提供交通保障。

在舟山海洋产业集聚区，新奥能源浙江舟山液化天然气(LNG)1号储罐已成功升顶，项目的储罐工程从土建转入安装阶段，比预计进度提前了10%以上。

在金塘的世界最高380米输电塔项目施工现场，挖掘机、大功率运输车来往不停，原来的山坡已爆破开石，基本形成施工面。该项目是舟山500千伏联网输变电项目的重要组成部分，是我省实施海洋经济发展战略的重要基础设施，已申请列入国家"十三五"能源发展规划重大新型(示范)能源项目。

在朱家尖观音文化园施工现场，工人正在抓紧赶工，雄伟气派的观音圣坛已现雏形，正法讲寺建设加快推进，观音法界整体项目将于明年上半年按计划全面开工。

目前，舟山市共对两批26个"三重"项目实施"项目中心制"，涉及总投资4000亿元，2016年1-11月，其中的18个项目已累计完成投资133.7亿元，占全市固定资产投资额的11.1%。

以服务为先，政府当好"店小二"

项目在落地，企业在成长，新区在发展！

今天的项目数量和质量，就是明天的经济总量；今天的投资结构，就是明天的经济结构。

以项目牵引新区创新发展和转型发展，全市上下集中力量、集聚资源、集成要素，以供给侧结构性改革为重点，强势推进"三重"项目建设。

在海力生集团产业园区工地，办公楼半月建一层、厂房月建一层，16幢建筑施工全面铺开、齐头并进。

奋战200天！海力生集团产业园厂房主体工程按计划在2016年年底前顺利完成。

这得益于项目责任单位紧盯目标，咬住节点，攻坚破难创新干；得益于政府部门全程式、全方位的"保姆式"服务。

"以前是业主求着政府部门，现在是政府部门围着业主转，工地成了办公室。"海力生集团产业园区项目工作组一位机关下派锻炼干部感触颇深。

项目为王，服务为先，一切围着项目转，为企业提供良好的服务已成为新区实现跨越发展的"制胜武器"，多年来一直呼吁建立的"新区管理扁平化"真正落地。

项目推进保障更有力度，党委政府推进项目的信心更坚定。市领导亲自挂帅、工作组充分赋权、项目属地化推进、要素优先保障，项目推进规格更高、力度更大、机制更顺畅。

定海区112名各部门及街道、社区干部，夙兴夜寐、全力攻坚，仅仅在四个多月内就完成了大沙调蓄水库淹没区红线范围内336户全部签约任务，签约率达100%，为大陆引水三期项目顺利开工提供了坚实保障。

部门间推诿扯皮、高高挂起的现象减少，联动意识明显增强，合力推进项目氛围愈浓。

朱家尖禅意小镇建设过程中，普陀山朱家尖管委会、普陀山佛教协会、普陀山发展集团协调联动，审批单位"见章盖章"，项目建设得以加快推进。

定海远洋渔业小镇建设过程中，小镇建设工作领导小组加强协调沟通，形成了多元联动、协调有序的建设格局。

新区要实现跨越发展，重点项目加快落地是关键。全市"三重"项目行政审批效能有效提升，企业投资项目审批和中介服务环节缩减至35个，比原来减少三分之一，全流程时限更是从100天缩短至48个工作日。

新区新速度。一些项目建设的企业主发自内心感叹：现在真是省时省力又省心！

以实绩论英雄，提振干部干事精气神

放眼群岛新区重大项目建设工地，处处是塔吊林立、机器轰鸣的火热景象。

这火热的建设场景，折射出的是舟山干部的精气神，是你追我赶、奋勇当先的劲头。

市委、市政府参照省委每月召开县委书记工作交流会的做法，按"项目中心制"要求，扎扎实实地开展"比学赶超"活动，每两个月到县(区)、功能区或"三重"项目现场举行一次现场会。

全市上下把"比学赶超"作为新区工作的新常态、区域发展的试金石、干部作为的赛马场，一刻不停，持续用力！

"有一种冲劲，有扬鞭奋进的感觉。"这是新区干部的内心共鸣。

"5+2、白+黑、乐于奉献，舍小家为大家。"这是新区干部的干事节奏。

"敢闯敢干，克难奋进，勇于创新，精益求精。"这是新区干部的创业气场。

项目锻炼干部，干部推进项目。

观音文化园项目工作组有位同志，2015年母亲患白血病，家中又有刚刚出生的女儿需要照顾，他白天奔工地、夜里跑医院，今年母亲病情复发，但他一年时间里仅仅为陪母亲去上海治病请了2天假。

观音文化园项目所在地的普陀山朱家尖管委会拆迁办工作人员，每天起早摸黑、走家串户，耐心细致解释政策，努力为拆迁户解决后顾之忧，短短半年时间，整个观音法界区域拆迁签约率达85%。

定海区大陆引水三期政策处理指挥部黄志军，在长期的政策处理工作中总结了一套方法："要脚快、嘴勤，懂得换位思考，多了解群众的实际困难。"

精气足、干劲大，脚下有力量，就能啃下硬骨头。

新奥LNG项目试点推行党员领办任务制，党员自告奋勇申领急难险重任务，攻坚团队创造了国内外LNG储罐桩基施工中最快、最好的纪录。

500千伏联网输变电项目工作组牵头组织技术攻关，完成了500交联海缆等四个世界之"最"的研发设计，国家标准从此将由舟山制定。

观音法界项目组首次引入P6管理软件，将整体工程进度计划细化至5424个节点，并创新性地将建筑信息模型技术及虚拟现实技术应用到主体工程建设中，实现实体可视化指导现场施工。

把新区建设当作运动场，把项目进展看成成绩单，以项目为中心的干部选用机制成为主流。

让想干事、会干事、敢干事的干部能干成事。

全市一批"80后"优秀年轻干部得到提拔，87名退出一线岗位的领导干部重回一线。

干出新区现场感，提升群众获得感。

全市广大干部群众正以"杀出一条血路"的勇气和胆略，攻坚克难抓落实，改革创新谋发展，跑出新区加速度，树立新区新形象。

案例评析

舟山市以"三重"项目为抓手，以项目中心制为手段，全面落实"一个责任领导、一个指挥部、一个支撑平台、一个政策体系"的工作机制，探索"容缺预审"的项目分类审批协调机制，以清单管理、挂图作战的责任倒逼机制和联动督考机制，取得了卓越的成效。

这种"项目中心制"的做法不仅能够加快重点项目工程的推进速度，提高管理决策的效率，更打破了以前干部使用机制的一些弊端，激发了干部干事热情，是对行政体制创新的一次成功尝试。

杭州探索企业社会责任建设新路

李宝岚　何去非

　　会赚钱、纳税多，不是判断企业成功的唯一标准。要赢得社会尊重，爱惜员工、诚实守信、绿色环保、爱心回馈社会都应是现代企业的标签。2016年5月19日，杭州市公布了一份《杭州市企业社会责任建设报告》，展示自2008年以来杭州市企业社会责任的建设成果。

　　杭州市是在全国地市级以上城市中率先开展企业社会责任建设的城市。2008年至2016年8年间，杭州市企业社会责任建设先后经历了酝酿筹备、试点评估、深化扩面三个阶段，探索出了一条党政主导、企业主体、社会协同、工会力推的企业社会责任建设新路子，并取得了阶段性成果。

　　据杭州市企业社会责任建设工作会上发布的报告显示，自2008年开展企业社会责任建设工作以来，截至2016年5月，杭州市累计有4123家企业参与社会责任建设评估，其中，有173家企业达到A级标准，2969家达到C级以上标准。

党政主导、企业主体、社会协同
杭州在全国率先开展企业社会责任评估

　　中国经济在经过30多年的快速发展后，取得了巨大的成功，但也有一部分企业在追求自身利益和发展时忽视社会责任。近年，诸如劳资冲突、环境污染、生态破坏、有毒有害食品、消费欺诈等事件时有发生。

　　当前，我国已进入经济增速换挡回落、经济结构深刻变化的新常态。企业社会责任问题在我国受到越来越多的关注和重视。全国已有一些行业、地方政府及民间机构等组织开展了企业社会责任建设工作或者评估活动，出台了一些具有行业区域特征的企业社会责任评估体系标准。

杭州在地市级以上城市开展企业社会责任评估及建设工作，是全国首创。自2009年为应对国际金融危机组织开展的"不裁员、不减薪"共同约定行动开始，杭州市委、市政府高度重视企业社会责任建设工作，将企业社会责任建设作为塑造杭州企业良好形象和品牌竞争力，推进城市治理现代化，提升杭州经济社会发展质量的一项重要工作来抓。2009年10月，杭州发布《关于加强企业社会责任建设的意见》，提出包括经商道德、产品质量、环境保护、依法用工在内的企业履行社会责任的十大内容。

之后几年，杭州又连续出台了一系列文件，用于开展、推进企业社会责任建设。2014年，又制定出台了《杭州市企业社会责任建设促进办法》。此后，我市每年开展一轮企业社会责任评估并发布年度企业社会责任建设蓝皮书，已开发建成了企业社会责任建设评估系统，实现了评估信息化、标准化运行。2015年，全市开展"讲责任、创和谐"活动，引导企业"内讲和谐、外讲责任"，企业社会责任建设工作进入了新的发展阶段。

在评估过程中，杭州市建立了一整套"数字化"评价体系，吸收借鉴SA8000、ISO26000国际通行标准，结合地方实际，从市场责任、环境责任、用工责任和公益责任四个方面，设基本指标、进步指标和个性指标共50项指标，分通用类、服务业、建设业三个类别，采用量化标准评估企业社会责任履行情况。2015年，为方便外资外贸企业参评，我市又发布了"杭州标准"外文版。企业社会责任的"杭州标准"，既与国际通行标准接轨，又符合我市企业实际，具有较强的针对性和可操作性。

践行创新、协调、绿色、开放、共享五大发展理念
履行社会责任既是必修课、也是护心丹

截至2016年5月，全市已开展了四轮企业社会责任建设评估，申报评估企业达

4123家，其中173家达到A级标准，2696家达到C级以上标准，超过了65%。

有半数以上企业获得工商信用评价A级等级。我市企业规范劳动用工，保障职工权益，劳动合同签订、社会保险参保基本实现全覆盖，工会组建率达到99.5%，工资集体协商建制率达到90%。另外，他们还热心公益事业，努力回报社会，积极参与"春风行动"、联乡结村等公益慈善活动。我市劳动关系和谐指数连年上升，连续5年居全省第一。

很多企业担心企业承担过多的社会责任会影响企业绩效和企业发展。专家认为，企业履行社会责任的同时，也许会增加劳动力成本，但这是一种积极的成本，应该从一种动态发展的角度来看待，因为企业良好的社会声誉对于自身发展来说极为有利。近十年来的事实也证明，越是勇于承担社会责任的企业，劳动关系越和谐，越有担当的企业，他们本身的经营发展就越好。

如传化集团致力于营造"家"文化，让员工有保障、有地位、有盼头；娃哈哈集团连续4年向"春风行动"捐款1000万元，用于困难家庭的助学援助，12000多名学生得到帮助，2014年9月，还开启从"助学援助"向"就业援助"延伸的新模式。华东医药秉承"济世、诚正、执着、务实"的经营理念，为人们提供安全有效的药品。

杭汽轮坚持走自主研发、科技创新的道路，不仅创造了中国工业汽轮机制造史上的无数个"第一"，公司研制燃气轮机正致力于钢企节能减排，为供给侧改革、"绿色发展"贡献自己的力量。

这样的例子在杭州还有很多，"企业财富来源于社会，只有为社会尽责，才能立足于社会"，这些企业积极履行社会责任，不仅提升了企业的品牌影响力，树立了良好的责任形象，也获得了政府与老百姓的认同。市政府也出台促进办法，对社会责任建设最佳企业、A级企业给予补贴，明确A级企业10项优惠政策，在政府采购、循环经济专项资金资助、著名商标、名牌产品优先认定、出入境检验检疫绿色通道、海关便利通关等方面给予支持，坚持以评促建，向企业传递履行社会责任的正向激励，引导企业积极参与社会责任建设。

讲责任、创和谐、迎峰会
开创企业履行社会责任新局面

企业社会责任建设是一项长期性、综合性的系统工程，既要持之以恒，又要不断创新，既是现阶段转型升级的迫切要求，也是未来经济社会发展必由之路。

对于杭州市的企业来说，2016年G20峰会在杭州召开，"办好G20，当好东道主"更是要求我们的企业要讲责任、勇担当，服务大局，责任为重，让杭州好企业、企业好故事展示城市风采，引领城市的发展与进步。

服务G20峰会。我市相关部门将开展集中宣传活动，坚持以职工权益维护为出发点，密切关注企业欠薪、利益群体维稳，定期研判形势，对欠薪行为、安全生产事故高发重点领域重点行业开展联合行动，教育引导企业经营者树立社会责任意识，形成"内讲和谐、外讲责任"的良好氛围。

宣传优秀典范。将借助网络新媒体等多种宣传手段，不断挖掘社会责任事迹、报道并传播社会责任的典型和榜样。

建设企业社会责任信用平台。与我市正在推进的"信用杭州"相结合，运用大数据等现代信息技术，依托企业社会责任评估数据库，建设企业社会责任信用平台，构建守信激励和失信惩戒机制。

探索符合中小企业参与社会责任建设的有效路径。我市拥有大量的中小非公企业，未来将积极探索此类企业实际的社会责任履责模式和有效方法，加大扶持力度，引导广大中小非公企业积极承担社会责任。

案例评析

杭州市以企业社会责任评估为载体的和谐劳动关系发展模式，其基本特征和显著优势集中体现于：以企业社会责任建设的标准规范为框架，构建和谐劳动关系发展体系，突出完备性、稳定性、持续性；以企业社会责任建设的实施过程为载体，为企业发展和谐劳动关系提供全程服务，强调和谐劳动关系构建中企业的主体意识、自觉理念、内生动力；以企业社会责任建设的组织配置为平台，为发展和谐劳动关系的各方参与力量提供协作机制，聚集力量、一致行动、提升效率。

发展和谐劳动关系是一项涉及多主体的全社会目标，需要社会各方力量参与，而杭州市的做法就是一个优秀的范本。

安吉深化村级事务准入制
基层减负社会治理更给力

廖小清　陈毛应

竹乡安吉，以"中国美丽乡村"闻名。

然而，这个坐拥万顷竹海的第一个国家生态县、"联合国人居奖"唯一获得县，在转型发展过程中，对于乡村治理也有不少烦恼：一座座漂亮的村办公楼，挂满眼花缭乱的机构牌，少则几十块，多则上百块，与乡村风景格格不入。

众多牌子背后，衍生出大量台账和考核，既加重村干部负担，影响基层群众自治组织功能的有效发挥，又容易滋生政府部门的官僚主义、形式主义等不正之风，有损政府形象。

党的十八届三中全会提出，要改进社会治理方式，激发社会组织活力，创新有效预防和化解社会矛盾体制，健全公共安全体系。这为基层治理提出了要求和方向。

村和社区作为与群众接触最密切的组织，如何创新社会治理，提升治理水平，增强发展活力？针对牌子多、台账多、考核多等问题，从2012年起，安吉推行村级事务准入制，从精减牌子、清理台账、优化检查考核入手，减轻基层负担，激发基层组织活力，更好地服务群众。

精牌减压——
基层负担降下去

一个村，竟有164块牌子！

2014年10月，记者来到递铺街道义士塔村，村委会主任吕吉娣对这件困扰多年的往事记忆犹新："村便民服务中心挂满了外来员工维权服务站、工会办公室、气象信息服务站等牌子，最后只有天花板还空着。"

当时，平均每个村上墙的机构牌有68块。村干部形象地说："国务院有多少个机构，村里就有多少块牌子。"为应付各类检查，他们将牌子做成活动式、插卡式、窗帘式，哪个部门来检查，就挂哪块牌子。如果不挂，村里就会被扣分，或被相关部门批评不重视某项工作。

五花八门的牌子，以及多如牛毛的任务和考核，给各村带来不小的经济负担。吕吉娣说，过去各种机构、制度、职责等牌子，多用PV板制作，每块价格80元左右，后来都用有机玻璃制作，平均每块要200多元，每年仅制作和更新牌子就要花好几千元。

花在台账上的金钱和精力更多。据县纪委统计，仅村级常规式工作台账，就有妇女、计生、社保等19大类、72本，另外每年还有30本常规考核台账。

尽管在一些部门看来，在村级设个站、布个点，突出了工作重要性。而站点设置后，却做起"甩手掌柜"，不管这些工作是否符合实际，一味以此衡量工作是否落实。

"有些考核，不是比工作实绩，而是比谁的台账资料做得好，我们三分之一以上精力花在上面。"让递铺街道鲁家村支书朱仁斌记忆深刻的是，一次县里为创建一项省级荣誉，村干部辛辛苦苦准备了4个月，22本台账堆起来高四五十厘米，花了6000多元钱。结果，有关部门仅抽查了几个村，绝大部分村的台账翻都没翻。

天荒坪镇余村村支书胡加仁还感到一种无形的压力。他曾担任村消防工作领导小组、禁毒工作领导小组等18个领导小组组长。这些帽子虽然是"被"戴的，但戴了就意味着责任。事实上，村干部根本不具备这种能力，也超出职责范围。拿锅炉安全生产检查来说，村里既无检查设备，又无专业培训，但是上级要求检查，只能去现场拍张照片走个形式，然后登记入台账。

"一些部门本意是为服务群众，但有时为创新而创新，将一些不切实际的工作延伸到基层，就成了形式主义和官僚主义，必然给基层带来负担。"时任县纪委书记张建乐说。作为自治组织，村级承担本应由政府部门承担的大量行政管理职能，大大超过了人力、物力和财力等方面所能承受的范畴，不堪重负。

2012年6月起，安吉坚持依法、必需、配套原则，形成"县委主导、纪委牵头、部门协作"的工作机制，开始推行村级减负。在此过程中，先由村干部提出没必要的牌子、台账、考核等目录，有关部门提出须保留有法规依据的，否则一律取消。对允许进入行政村(社区)的事项，坚持"责权相统一、人财物相配套"原则，严格按照"权随事转、人随事转、费随事转"要求，明确授权内容、对象、权限、时限和经费。

针对过去各部门多头和分散考核，影响基层干部的工作精力集中的问题，安吉县还规定，将内容相同或相近的考核评比事项实行合并，统一考核，结果各部门共享，而且所有考核不得要求村里提供总结材料和档案资料目录外的其他专项考核纸质资料，具体材料以档案中的原件为主。

截至2014年10月，安吉已将原先政府部门的104项"进村"工作事项减少为17项，在精减机构牌的基础上，将各项制度录入村便民服务中心电脑，方便群众查询。台账统一规范为组织建设、民主选举、村务公开等6本，其他工作只做档案性记录。据统计，仅标识标牌制作费用，每个村每年就可以节约5000余元。

村里的负担，一下子轻松了。

作风转变——
干部脚步勤起来

减牌容易，要坚持却不易。

清理结束后，个别单位为应对上级检查，有的要求将撤下的标识标牌重新上墙，有的未经批准擅自增加牌子……"这样做将前功尽弃，准入制流于形式，政府威信也会受影响。"作为牵头部门的县纪委负责人说。

为此，安吉制定《村级事务准入运行规范》，明确准入事务的程序和标准，对审核准入的村级事务，涉及标识标牌的，统一规范模板式样、悬挂方式；涉及考核评比、创建达标的，对内容相同或相近的事项合并考核、结果共享；对新申请准入事务，必须由县城乡社区工作协调小组办公室统一审核，各部门不得擅自挂牌。

"即使事务被准许进村，还要看基层是否满意。"金志成说。目前，安吉已经建立群众评议机制，年底由村级组织、村民、驻村单位代表组成评议小组，对准入事项进行评估，并向社会公布，接受群众监督。对未按要求操作的准入事务，以及群众普遍反对或评议不满意的事务，督促限期整改，整改不到位的一律撤销。

县委、县政府已连续3次开展实地督查，对发现的违规挂牌，在全县通报批评。2014年3月，安吉县再次出台文件，从任务清单、考核评比、资金管理、用章规范等方面，全面深化村级事务准入机制。对于违反准入制的村级事务，追究有关职能部门负责人和村级组织负责人的责任。

减负是为了让各级干部腾出更多时间和精力，做好服务发展和改善民生的各项事务。

自2012年开始，安吉要求每名机关干部每周下基层不少于三次，乡镇干部每周进村访户不少于两次。同时，安吉还在县级机关部门开展"打假行动"，严查"假做事、说假话、做假动作"，改变少数机关干部布置任务当落实、责任推给村干部的轻浮作风，使职能部门和乡镇干部的服务质量，随着牌子、考核、台账的减少而提升。

"村级事务准入后，我们日常所做的事务增多了。"县计生局副局长岳小才说，以计生方面宣传为例，他们将宣传资料做成小册子，百姓可在服务大厅随时取阅，不需挂牌搞形式了。

"公安工作涉及的民生事务面广量大，有的还有突发性，碰到矛盾纠纷或各类案件，都需要直接与当事人面对面沟通解决，岂能靠一块牌子来解决？"县公安局负责人说，现在公安部门更重视上门服务，提高办事效率，及时解决群众提出或遇到的各类问题，社会满意度明显上升。

"以前是光见牌不见人，现在干部三天两头在村里，真是服务送到家门口。"如今，不少村民对干部作风竖起大拇指。

标牌少了，考核减了，不等于相关的工作不用干了、制度不落实了。如今，在每个村的便民服务中心的醒目位置，都悬挂了一张图，上面标注有各种机构分布图和责任人。经过准入的各种考核制度，在村便民服务中心的电脑上，只要轻点一下鼠标就会立即显示出来，代替了过去挂满墙的各种制度宣传牌。

科学考评——
干劲活力涌出来

减负，并不意味着减职责，该管的事务要管得更好。

为此，安吉一改过去的看台账、听汇报等形式主义做法，明确要求"用实效说话"，所有考核考评以村(社区)工作实绩和村(居)民反馈意见为主。

时任安吉县民政局副局长傅雪忠有一个习惯，一有机会就去村里转转，看看基层在创建民主管理示范村时，村务公开是否及时、全面、规范，发现问题当即提出，及时改进。对这项工作，县里作出规定，由县纪委、组织部、民政局等每季度组织一次暗访，检验创建活动的成效。

县民政局既是村级事务减负的推动者，也是执行者。傅雪忠说，以前一些考核往往侧重于查看会议记录、组织架构及相关文字、照片等台账，对工作推进的成效和百姓反映并不重视，以致一些村的台账相互抄袭、大同小异，有个别村甚至连村名都照抄不误。

变过去的年底看台账为现在的日常巡查暗访，这是安吉改进基层考核方式的变化，也是工作作风更务实高效的见证。

县计生局与暑期实践的大学生合作，通过引入第三方评估方式，随机走访育龄群众，对计生上门服务情况、计生知识知晓度、群众对计生工作的满意度等，进行公正客观的记录，让考核更加科学、准确。县政法委利用集基础数据、日常工作、事件处理、研判分析、考核评估于一体的基层社会管理综合信息服务系统，被考核单位均可通过这个网络平台上报相关信息，减去做台账的烦恼……

对清单以外事务，严格实行"费随事转"，经批准后按委托协议进入。对协助办理的事项，部门不得在村(社区)成立组织机构、设立专门场所。同时，建立政府部门与基层自治组织之间的双向履职评估体系，促进政府依法行政，实现政府行政管理与基层群众自治有效衔接和良性互动，让农村自治有更大的空间和活力。

一系列举措，使村干部顿感担子减轻，能把更多的心思和精力放在村务上了。

记者来到距县城25公里、海拔780米的山川乡马家弄村，映入眼帘的是两面心状的"幸福墙"，800多张村民的笑脸，诉说着这里的和美生活。

在村便民服务中心，记者打开"接待登记簿"，发现申请服务登记的内容五花八门，有修水管、安装断路器，甚至还有帮老人背米。"现在村干部时间宽裕了，只要村民有需求，我们都尽量提供服务。"村党支部书记沈广宏笑着说。以前各类检查、创建活动层出不穷，至少得有一半精力应付各类考核、台账。实行村级事务准入制后，村干部释放了压力、激发了活力，集中精力抓村务。2014年，该村年初确定的农户外墙改造、乡村旅游开发、村道拓宽等10项民生工程，均进展顺利。

如今，安吉县级职能部门的19大类、121项事项已全部下放到村便民服务中心，群众在家门口就能办成事，深受村民欢迎。看着村干部干劲十足，当年61岁的村民朱伟根告诉记者："过去总听到村干部说很忙，但忙些啥谁也不清楚。现在他们天天为服务村民和项目工程忙着，村民看在眼里、喜在心里。"

案例评析

　　通过"县委主导、纪委牵头、部门协作"，安吉县推行的村级减负工作明确了准入事务的程序和标准，从任务清单、考核评比、资金管理、用章规范等方面对审核准入的村级事务进行规范化管理。

　　村级事务减负的目的是为了让各级干部腾出更多的时间和精力，做好服务发展和改善民生的各项事务。安吉县通过村级事务减负改革促进政府依法行政、切实履职，实现了政府行政管理与基层群众自治的有效衔接和良性互动，让农村自治有了更大的空间和活力。

图书在版编目（CIP）数据

转型与创新：浙江足迹 / 金雪军，张军主编. —
杭州：浙江大学出版社，2018.4
ISBN 978-7-308-18165-5

Ⅰ.①转… Ⅱ.①金…②张… Ⅲ.①转型经济-研
究-浙江 Ⅳ.①F127.55

中国版本图书馆CIP数据核字（2018）第084773号

转型与创新：浙江足迹

金雪军　张　军　主编

责任编辑	余健波
责任校对	吴水燕　杨利军
封面设计	周　灵
出版发行	浙江大学出版社
	（杭州市天目山路148号　邮政编码310007）
	（网址：http://www.zjupress.com）
排　　版	浙江时代出版服务有限公司
印　　刷	浙江印刷集团有限公司
开　　本	787mm×1092mm　1/16
印　　张	11.5
字　　数	186千
版 印 次	2018年4月第1版　2018年4月第1次印刷
书　　号	ISBN 978-7-308-18165-5
定　　价	60.00元